W0057562

Schuhe

DER ULTIMATIVE STYLEGUIDE

Für die Doc Martens von Alice und Romane
und die DC Shoes von Nils

Schuhe

DER ULTIMATIVE STYLEGUIDE

Frédérique Veysset
Isabelle Thomas

Unter der Leitung von Caroline Levesque

PRESTEL

MÜNCHEN · LONDON · NEW YORK

Paris

Schuh von Louboutin

INHALT

. . . .

»Sie sind kein Massen- produkt, seien Sie einzigartig.«

Manolo Blahnik, Schuhdesigner

VERRÜCKT NACH
SCHUHEN?

. . . .

Mehr noch als die Farbe unseres Lippenstiftes oder die Länge unseres Rockes geben Schuhe unsere jeweilige Tagesform an. Bikerstiefel, bequeme Turnschuhe, verführerische Pumps oder jungenhafte, aktuell sehr moderne *boyish shoes* … Sie formen unsere Silhouette, spiegeln unseren Gemütszustand und die vielen Facetten unseres Lebens wider.

Auch wenn wir nicht alle einem Schuhtick erliegen, so glänzen unsere Augen doch beim Anblick neuer Schuhe.

Und was kann intimer sein, als ein Paar Stilettos als Geschenk vom Liebsten? Für ihn bin ich eine Prinzessin … Eine Göttin … Hoch auf unseren Absätzen dürfen wir zugleich *femme fragile* und Powerfrau verkörpern. Und sogar wenn wir selbst kaum hohe Schuhe tragen, so freuen wir uns dennoch, dass es sie gibt.

Ob nun Schuhliebhaberin mit Sammeltick oder professionelle Schuhneurotikerin, wir alle kennen die große Macht der Schuhe, unser Outfit zu beleben und unsere Wirkung auf andere zu verändern, wenn wir mit den Absätzen klappern.

Bei neuen Schuhen verlieren wir den Verstand.

Diejenige, die nicht davon überzeugt ist, dass man mit ein bisschen Training in 10 cm hohen Absätzen genauso bequem läuft wie in Pantoffeln oder dass eine Nummer kleiner nur ein winziges Detail im Vergleich zur wunderschönen Linie des begehrten Schuhs ist, soll mit dem ersten Paar Pumps werfen!

Die Modemarken haben das verstanden und vergrößern beständig ihr Angebot an Sandalen, Sneakers, Pumps und schillernden Ballerinas. Die Onlineverkäufe steigen explosionsartig an. Man ist wagemutiger und kauft auch Schuhe, ohne sie vorher anprobiert zu haben. Und hopp, ein Paar Schuhe geht noch!

Nach den Amerikanerinnen sind die Französinnen die Frauen mit dem größten Schuhtick weltweit. Auch wenn die Französinnen ihre Schuhe etwas weniger verrückt mögen, so werden sie auch in dieser Hinsicht immer mutiger. Es muss nicht immer nur Schwarz sein und man kann ein Paar Schuhe auch mit verschiedenen Dingen kombinieren

Und was ist Ihr nächstes Paar Schuhe?

> *Schon als Kind liebte ich es, Absatzschuhe zu tragen. Bereits mit drei oder vier Jahren schlüpfte ich in die hohen Schuhe meiner Mutter. Ich habe es immer geliebt, mich als Frau, weiblich zu fühlen.«*

Anne-Sophie Mignaux,
Modeberaterin, Jacke von Gucci
und Pumps von Louboutin

Pumps von Gianvito Rossi

GRÖSSE
ZEIGEN

· · · · · · · · · · · · · · · ·

Seit mehr als zehn Jahren sieht man schwindelerregende Absätze auf den großen Laufstegen dieser Welt und auf den Straßen. Sie können eine Höhe von bis zu 12, 15, ja sogar 18 cm erreichen. Aber Vorsicht vor einem nicht so graziösen Storchengang. Sehr hohe Absatzschuhe muss man zu tragen wissen!

Low Boots von Pierre Hardy

DOCH WOHER KOMMT EIGENTLICH DER ABSATZ-SCHUH?

Bereits in der Antike bekannt, wurde er von Maria von Medici, die sich zu klein fand, in Mode gebracht. Die zukünftige französische Königin möchte auch von Weitem gesehen werden und lässt sich von den venezianischen Chopines inspirieren, die bis zu 70 cm hoch sein konnten und die Frauen vor Straßenschmutz schützen sollten. Als sie Heinrich IV. heiratet, bringt sie den Holzabsatz mit nach Frankreich. Sehr schnell setzt er sich bei den Männern und Frauen am Hofe durch, und sofort wird diese Mode auch von der Halbwelt kopiert. Prostituierte zeigen sich auf bis zu 8 oder 10 cm hohen Absätzen. Je höher der Absatz, desto nobler oder »unerschwinglicher« die Frau. Auch der französische Sonnenkönig Ludwig XIV. trug Absatzschuhe. Der Bruder des Königs brachte diese Mode auf, als er bei einer Faschingsfeier blutverschmierte Absatzschuhe trug.

Die Französische Revolution unterbrach die Begeisterung für Absätze. Ein guter Revolutionär trägt flache, dunkle Schuhe! Es kam nicht infrage, die dekadente Mode dieser gehirn- und bald kopflosen Aristokraten zu kopieren.

Als die Absatzschuhe Ende des 19. Jahrhunderts wieder in Mode kommen, werden sie nur noch von Frauen getragen. Die Absatzhöhe bleibt »feinbürgerlich«, bis es der technische Fortschritt erlaubt, sie höher und wagemutiger zu machen. Der französische Schuhdesigner Charles Jourdan machte den Absatz schließlich schmaler – zunächst aus Holz oder Plastik – und höher. Später experimentierte Roger Vivier 1954 für Christian Dior mit einer in den Absatz eingearbeiteten Metallstange, um den Absatz zu verstärken und zu verjüngen. Seitdem sind alle Höhen erlaubt.

In den 1990er-Jahren kommen die High Heels in Mode. Tom Ford, Carine Roitfeld und Mario Testino machen aus Gucci den Vorreiter des Porno Chics, einer wahren Geheimwaffe. High Heels sind absolut sexy!

· ·

»Ich weiß nicht, wer den Absatz erfunden hat, aber wir Frauen sind ihm zu ewigem Dank verpflichtet.«
Marilyn Monroe

»Von einer einwöchigen Reise nach Ägypten habe ich 27 Paar Schuhe mitgebracht. Mein Mann wurde verrückt.«

Dominique Salmon, Pressesprecherin.
Weißer Mantel und Jeans von 1.2.3.,
Sandalen von Ralph Lauren

HIGH HEELS
ZÄHMEN

Pumps von Rupert Sanderson

Wenn man früher von »hohen Absätzen« sprach, ging das nicht über 8 cm hinaus. Heute lacht man bloß darüber. 8 cm! Die Höhe hat sich verdoppelt. 16 cm hohe Absätze trägt man nicht mehr nur im SM-Milieu. Seit Victoria Beckham mit extrem hochhackigen Schuhen herumspaziert, sieht man sie in allen Schaufenstern, von Jimmy Choo bis Zara. Früher wagten es nur die Engländerinnen, den ganzen Tag auf diesen Stelzen durch die Stadt zu spazieren. Heute sieht man sie überall. Das Auge gewöhnt sich an diese verrückten, hohen Dinger. Aber unsere Füße?

Einige Frauen können nicht ohne sie. In flachen Schuhen fühlen sie sich zu klein und ertragen es nicht, nicht auf gleicher Höhe mit ihren Gesprächspartnern zu sein, vor allem, wenn es darum geht, einen wichtigen Vertrag auszuhandeln. Andere fühlen sich in flachen Schuhen »zu dick«. Die französische Schauspielerin Arletty empfahl, immer Absatzschuhe zu tragen: »Das hebt den Hintern«, sagte sie mit Pariser Schnauze. Und manche kommen nicht wieder runter von hohen Schuhen. Wenn die Ferse durch das ständige Tragen von Absatzschuhen immer erhöht wird, zieht sich der Zwillingswadenmuskel (Muskel der Achillessehne) zusammen. Die Frauen bekommen Wadenkrämpfe und Rückenschmerzen, wenn sie flache Schuhe oder Ballerinas tragen. Sie brauchen ihre 10-cm-Absätze, um sich wohlzufühlen. **Absätze sind schön ... wenn man sie zu tragen weiß.** Auf der Straße sieht man manchmal staksige Störche oder den LKW-Fahrer-Gang auf 16 cm hohen Absätzen. Autsch!
Ist es manchen angeboren, High Heels zu tragen? Ja, aber man kann es auch lernen. Es gibt dafür sogar Kurse!

· ·

»Wenn Schuhe drücken,
sollte man sie nicht tragen.
Das verformt den Fuß und das lässt sich
leider nicht mehr rückgängig machen.«

Nathalie Elharrar, *Designerin des Labels LaRare*

Sandalette von
Michel Vivien

Designerin Michelle Boor
mit ihren Flame-Pumps

REGEL NR. 1:
FINDEN SIE DEN FÜR SIE PASSENDEN ABSATZSCHUH!

Nur weil die Arbeitskollegin ihre Sandalen so bequem findet, müssen Sie sich darin noch lange nicht genauso wohlfühlen. Sie haben nicht unbedingt die gleiche Fußform. Probieren Sie die vielen unterschiedlichen Modelle durch. Jede Marke – es muss nicht zwingend eine teure sein – hat ihren eigenen Schuh. Nun müssen Sie nur den finden, der zu Ihnen passt.

REGEL NR. 2:
WÄHLEN SIE DIE RICHTIGE GRÖSSE!

Eigentlich ist es klar. Nur manchmal liegt man genau dazwischen. Ein Absatzschuh muss genau passen. Ist er zu groß, wird der Fuß nicht gehalten (bei Derbies und Boots ist das nicht so schlimm). Ist er zu eng, ballen sich die Zehen zusammen und zeich-

nen sich im Schuh ab. Das ist hässlich (vor allem bei Sandaletten). Wenn die Verkäuferin zu Ihnen sagt: »Der läuft sich schon ein«, weil es Ihre Größe nicht mehr gibt, glauben sie ihr nicht. Leder gibt zwar ein wenig nach, aber wenn der Schuh drückt, werden Sie es niemals schaffen, ihn um eine Nummer zu dehnen. Achtung: Seide, Stoff und Lack dehnen sich überhaupt nicht aus!

REGEL NR. 3
LEGEN SIE SICH NICHT AUF EINE BESTIMMTE HÖHE FEST!

Ein mittelhoher Absatz kann unbequemer sein als ein sehr hoher, weil das Schuhgelenk (Winkel zwischen Absatz und Vorderfuß) zu hoch ist. Durch eine zu starke Steigung verlagert sich das Gewicht auf den Vorderfuß. Ist der Winkel gut, stellt der Körper sich auf und Sie können den

10 Tipps
für einen schönen Gang

❶ Setzen Sie wie bei flachen Schuhen zuerst den Absatz beim Laufen auf.
❷ Üben Sie, Treppen hoch- und hinunterzugehen.
❸ Meiden Sie Kopfsteinpflaster.
❹ Achten Sie auf eine aufrechte Haltung. Schultern nach hinten, Brust raus!
❺ Lassen Sie sich Zeit und laufen Sie nicht so schnell wie mit flachen Schuhen.

❻ Halten Sie einen vernünftigen Abstand zwischen den Füßen, nicht zu eng, nicht zu weit auseinander.
❼ Schauen Sie nicht auf Ihre Füße, sondern geradeaus.
❽ Bewegen Sie Ihre Hüften.
❾ Schauen Sie sich *Niagara* von Henry Hathaway an – nur wegen des wiegenden Gangs der jungen Marilyn Monroe.
❿ Haben Sie Vertrauen in sich.

ganzen Tag in 12 cm hohen Absätzen herumlaufen.

REGEL NR. 4:
PASSEN SIE IHREN GANG AN!

Sie laufen anders in Absatzschuhen. Die Schritte müssen kleiner und langsamer gesetzt werden. Der Oberkörper muss beweglich bleiben, sonst sehen Sie schnell wie ein Soldat bei der Parade aus. Wenn Sie nicht instinktiv den Unterschied fühlen, müssen Sie üben! Laufen Sie nicht wie ein Cowboy, der gerade vom Pferd gestiegen ist, sondern eher wie eine Seiltänzerin. Denken Sie sich eine gerade Linie und folgen Sie ihr. Vorsicht bei Treppen (das Hinuntergehen ist besonders schwierig)!

REGEL NR. 5:
GEBEN SIE NICHT AUF!

Sie mögen keine Absätze? Wenn sie nicht Ihrem Stil entsprechen, vergessen Sie es! Doch vielleicht ist Ihnen nur noch nicht der richtige Schuh begegnet, einer, der zu Ihrer Fußform passt. Sie sollten nicht zu schnell aufgeben. Dranbleiben lohnt sich, um den richtigen Schuh und die passende Form zu finden. Es müssen nicht immer High Heels sein. Warum nicht mal Absatzschu-

Schuhe von Dior

he mit erhöhter Vordersohle probieren? Dadurch wird der Winkel zwischen Absatz und Vorderfuß abgemildert. Oder Wedges, die oft stabileren Halt geben.

REGEL NR. 6:
DIE ZEHEN AM RECHTEN PLATZ!

Ihre Zehen sollten nicht durch den Schuh zusammengedrückt werden oder, wenn Sie offene Schuhe tragen, über die Sohle hinausragen (wie auf dem roten Teppich in Cannes bei Julianne Moore!).

REGEL NR. 7:
WECHSELN SIE AB!

Hüten Sie sich vor schmerzhaftem Reiben, das Blasen verursacht, wenn Ihr Fuß nicht genug gehalten wird. Wechseln Sie High Heels mit moderateren Absätzen ab, um Ihre Muskeln und Sehnen zu entspannen. Durch Absätze verlagert sich das Körpergewicht auf den Vorderfuß, und Sie bekommen schöner geformte Füße. Das gesamte Bein wird gekräftigt und es wird Sie freuen, dass Sie beim Laufen Ihre Muskeln trainieren.

· · · · · · · · · · · · · · · · · · · ·

»Selbst schwanger liebe ich es, Absätze zu tragen, um die Rundungen geschickt zu kaschieren.«

Carole Tessier

Carole Tessier, Designerin.
Top von MiuMiu, Lederstretchleggings
nach Maß von Johann Champigny,
Stiefeletten von Yves Saint Laurent

»Bleiben Sie unter
allen Umständen
weiblich, egal was
kommt! Es gibt keine
Ausreden, auch wenn
sie müde sind!«

MARIE-AGNÈS GILLOT

Primaballerina an der Pariser Oper

. . . .

»Gerade stehen, Hals strecken, Schultern nach hinten!«

Beobachten Sie manchmal, wie die Frauen auf der Straße laufen?

Ja, das beobachte ich immer und stelle fest, dass sie oft Probleme haben. Die meisten Frauen laufen mit gebeugten Beinen und steifer Hüfte, als ob sie eine Platte im Oberschenkelknochen hätten. Es fehlt an Flexibilität und Geschmeidigkeit. Die Schwierigkeit, wenn man Absätze trägt, ist, dass sich das Körpergewicht verlagert. Es wird nach vorn verschoben und der Fuß stützt sich vollkommen auf den Ballen. Um das auszugleichen, laufen viele Frauen nach hinten geneigt.

Für einen schönen Gang darf man die Körperoberseite nicht von der -unterseite trennen. Es dürfen keine Winkel entstehen, der Körper muss sich geschmeidig bewegen. Oft sind die Zehen zu verkrampft. Wenn ich zu Modenschauen gehe, bin ich überrascht über den Mangel an Eleganz und Anmut bei einigen Models. Man sieht ihnen an, dass sie sich nicht wohlfühlen.

Gibt es ein paar Geheimtipps für das Laufen auf hohen Absätzen?

Erst einmal muss man den Fuß und dann das Bein schön entfalten und darauf achten, dass das Knie flexibel bleibt. Für einen schönen Gang muss das Knie gut durchgestreckt sein und sich geschmeidig bewegen. Man muss üben, in Absatzschuhen den gleichen Bewegungsablauf wie in flachen Schuhen beizubehalten, das heißt, zuerst den Absatz aufsetzen und dann den Po wie Naomie Campbell bewegen. Auch in Absatzschuhen sollte das Becken flexibel bleiben und die Schritte in seiner Bewegung begleiten. Man sollte sich gerade halten, den Hals strecken und die Schultern nach hinten schieben. Der Kopf sollte an Leichtigkeit gewinnen. Das lernt man beim klassischen Ballett. Man zieht sich nach oben und hält sich gerade, um weniger Gewicht auf die Beine zu laden. Und man sollte die Füße gerade voreinander setzen. Nichts ist ungraziöser als ein zu breitbeiniger Gang.

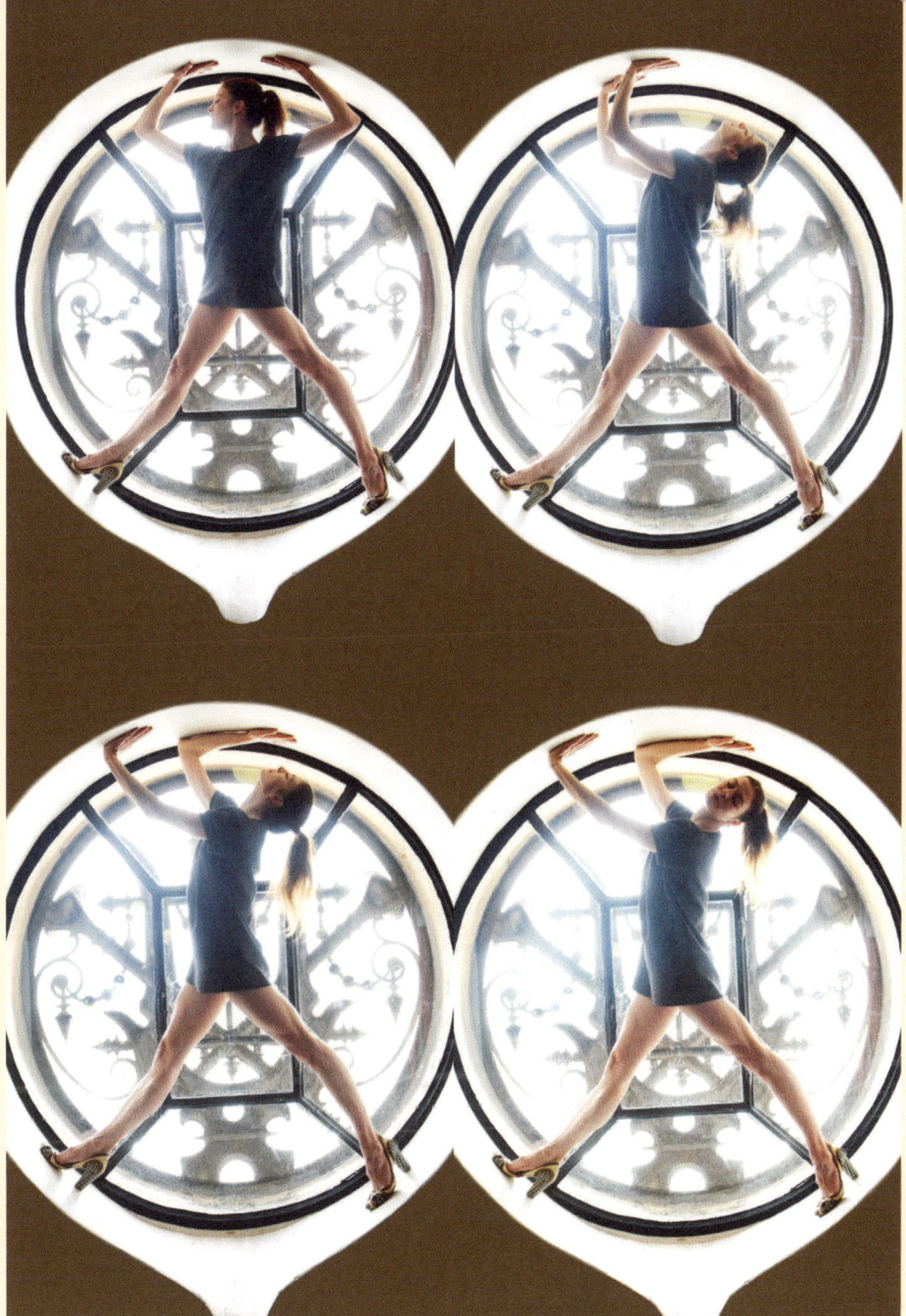

Wie kann man seine Haltung verbessern?

Der klassische Tanz ist gut dafür geeignet. Der Körper verändert sich schnell und man lernt, sich anmutig und bewusst zu bewegen.

Tragen Sie Absatzschuhe?

Ja, die ganze Zeit. Das entspannt meine Beine, meine Achillesferse und meine vom Spitzentanz beanspruchten Muskeln.

Ultrasexy Stiefelette von
Yves Saint Laurent

SEX & SHOES

Für Carrie Bradshaw kam nichts anderes als der ultrasexy Absatzschuh infrage. Manolo Blahnik, Jimmy Choo, Walter Steiger, Pierre Hardy, Louboutin, Dior … In *Sex and the City* spazierte unsere Lieblingsschuhneurotikerin in den begehrenswertesten Designerschuhen übers New Yorker Pflaster. Nie waren Schuhe so erotisch.
Ist Manolo sexyer als Mr. Big?

»Oh! Marie … Marie … deine Stiefelchen … gib sie mir sofort … sofort … sofort … Ich will sie sofort haben … gib sie mir …«
Tagebuch einer Kammerzofe, Octave Mirbeau

MÄRCHENHAFT

Ab frühester Kindheit lässt man uns glauben, dass man mit dem passenden Schuh auch die Liebe findet. Mit der berühmtesten Schuhanprobeszene der Literatur – oder bei Walt Disney – wurden wir darauf geeicht, dass wir durch den richtigen (gläsernen) Schuh vom Aschenputtel zur Prinzessin werden. In der Version der Gebrüder Grimm verstümmeln sich die beiden Stiefschwestern sogar ihre Füße, nur damit der Schuh ihnen passt. Der Psychoanalytiker Bruno Bettelheim sieht darin ein sexuelles

Pumps von Suecomma Bonnie

Symbol für die Penetration. Der berühmteste Schuhfetischist ist der Märchenprinz, der den verlorenen Schuh wie ein wertvolles Relikt behält, das ihm dabei hilft, seine Geliebte zu finden.

»Bis zum 19. Jahrhundert zeigten die Frauen ihre Füße nicht außerhalb ihrer Bettstätte. Nur Tänzerinnen enthüllten sie«, erklärt uns die Historikerin Anne de Marnhac. »Erst nach dem Ersten Weltkrieg wurden die Rocksäume kürzer und die Frauen zeigten ihre Knöchel und Waden.« Frau kommt vom erotischen Schnürstiefel ab und trägt lieber Stegspangenschuhe an den Füßen. Die Flappers – mit Louise Brooks als Stilikone – machen Absatzschuhe populär, die vorher nur Frauen mit verruchtem Lebenswandel vorbehalten waren. Sie tanzen die ganze Nacht durch, rauchen, tragen kurze Haare und *smokey eyes* und müssen sich vor niemandem rechtfertigen!

Im Zweiten Weltkrieg spazieren die Pin-up-Girls von Gil Elvgren oder Alberto Vargas in Strapsen und High Heels durch die Fantasien der GIs. Hollywood verbreitet das Bild der sinnlichen und verführerischen Frau, von der die Soldaten träumten: Marilyn Monroe, Ava Gardner, Sophia Loren, Liz Taylor und die unvergessliche Betty Page werden zu den führenden Botschafterinnen der Stilettos und der verführerischen Weiblichkeit.

IST DER ABSATZSCHUH DAS BESTE
APHRODISIAKUM?

Für »Trampling«-Fetischisten zweifellos ja. Ohne spitzen Absatz macht es nur halb so viel Spaß … und vom spitzen Absatz zur Domina ist es nur ein kleiner Schritt! Forschern zufolge ist diese sexuelle Begierde der weltweit verbreitetste Fetischismus, unabhängig vom Geschlecht. Wie viele Frauen haben sich nicht schon hohe Stilettos gekauft, die sie niemals tragen werden? Welcher Mann hat nicht schon seiner Geliebten ein Paar hochhackiger Schuhe geschenkt?

In dem Film *Rote Laterne* von Zhang Yimou erscheint das Ritual der Fußmassage, die der vom Gebieter Auserwählten eine zusätzliche Freude bereitet, als sich wiederholendes Motiv. Diese Streicheleinheiten deuten ihr an, dass sie eine Liebesnacht verbringen wird, die ihr das Recht verleiht, für einen Tag den Haushalt zu leiten.
Im alten China bandagierte man die Füße der kleinen Mädchen, damit diese nicht wachsen. Kleine Füße waren ein Zeichen von Noblesse. »Seine Füße zu entblößen

· ·

»Ich liebe deinen
Pantoffel genauso wie dich«
schrieb Gustave Flaubert an Louise Colet.

Romane Grèze,
Studentin und Model,
in Karel Mills und Absatzboots
von Michel Vivien

Zehenfreie Low Boots
in gelöchertem Leder und
mit Metallschnalle von Le Silla

Stéfanie Renoma, Fashion Designerin.
Jeans und Lederjacke von Renoma,
Boots in Patchworkleder mit Metallschnalle
von Laurence Decade

war genauso lüstern wie seinen Körper zu enthüllen«, führt der Sexologe und Autor des berühmten Buches *Traité des caresses* (Traktat über die Streicheleinheiten) Gérard Leleu an. »Auch heute noch sind schöne Füße und Schuhe Symbol des außerordentlich Weiblichen. Tragen Sie Absatzschuhe, werden die Genitalien nach vorn verlagert und Sie laufen anders. Unbewusst spüren Sie das. Wenn Sie schöne Schuhe tragen, sind Sie fest mit Ihrem Körper verbunden. Ihr Körper wird aktiver, präsenter und verführerischer.«

WER IST DAS STARKE
GESCHLECHT?

»Der Absatz ist ein Paradoxon zwischen Stärke und Zerbrechlichkeit«, erläutert Isabelle Bordji, Leiterin des Hauses Ernest, Expertin für schwindelerregende Absätze. »Mit einem Stiletto-Absatz kann man jederzeit hinfallen; er dominiert die Trägerin und schützt sie zugleich. Es herrscht eine Dualität zwischen dem Männlichen und dem Weiblichen, die kriegerische, männliche Seite und die zerbrechliche, weibliche Seite. Das verleiht Ihnen Sicherheit, die auf die Männer wirkt. In unserer modernen Gesellschaft hat sich die Frau von den ihr auferlegten Zwängen befreit. Sie kann entscheiden, wer sie sein will. Selbst wenn man

in der Mode vergangene Zeiten wieder aufleben lässt – Strumpfband, sehr hohe Absätze –, heißt das nicht, dass die Mentalität wieder rückständig wird. Frauen tragen Absatzschuhe vor allem für sich selbst. Sie lassen alte Dresscodes wieder aufleben, um sich superweiblich zu fühlen.«

Der Absatzschuh, eine neue Art von Therapie, um seine weibliche Seite zu betonen? In einer Gesellschaft, in der nur Geld, Erfolg und Macht zählen?

Die heißesten
Schuhfilme

Blondinen bevorzugt
von Howard Hawks

Der Mann, der die Frauen liebte
von François Truffaut

Die letzte Metro
von François Truffaut

Cinderella
von Walt Disney

High Heels
von Pedro Almodóvar

- -

Auf die Frage **»Was macht Sie schön«** in der französischen Vanity Fair antwortete der Regisseur Frédéric Mitterrand verschmitzt: **»Ein Paar Stilettos von Ernest.«**

Das Haus
Ernest

Das Unternehmen wurde 1904 von Ernest Amselle gegründet und war von Anfang an auf hochhackige Schuhe spezialisiert. Es bekleidet sowohl die Füße seiner großbürgerlichen Kunden, die nach etwas Gewagtem suchen, als auch die der freizügigen Pariserinnen. Das Unternehmen profitierte von seiner engen Zusammenarbeit mit den Tänzerinnen der berühmtesten Cabarets und entwickelte dadurch seine besonderen Modelle, die der Fußform angepasst sind und auf den richtigen Winkel zwischen Absatz und Vordersohle achten. Als »offizieller Lieferant« der Pariser Cabarets Crazy Horse, Lido, Folies Bergères und der letzten Show von Thierry Mugler blickt das Haus Ernest auf eine hundertjährige Geschichte zurück. Es zog Grace Jones, Bianca Jagger, Beyoncé wie auch Guy Bourdin und Helmut Newton in seinen Bann.

CHRISTIAN LOUBOUTIN

Schuhdesigner

. . . .

Frauen sprechen seinen Namen zweifellos häufiger aus als den ihres Ehemanns, ohne dass dieser eifersüchtig wird. Die Stilikone Louboutin, der so berühmt wie ein Rockstar geworden ist, fordert für Frauen das Recht, als intelligente Frau wahrgenommen zu werden, auch wenn sie Schuhe wie die Chorus Girls trägt.

Man kann sagen, dass Sie der George Clooney der Schuhe sind, Liebling der Frauen?

Das ist natürlich sehr schmeichelhaft! Ich wurde von Frauen großgezogen und bin glücklich, einen Beruf auszuüben, der mir und ihnen gefällt. Begeisterung für etwas kann man nicht berechnen. Es ist auch eine Botschaft der Befreiung, denn ich verstand nicht, warum man Frauen wegen ihrer Absätze kritisierte. Ich habe die Vorurteile gegenüber hohen Absätzen bekämpft und heute trauen sich Frauen, sie zu tragen.

Als ich klein war, wollte ich für die Cabaret-Tänzerinnen arbeiten. Ich träumte von ihnen und schaffte es immer, mich ins Folies Bergères und die anderen Cabarets hineinzuschmuggeln. Ich sah mir Tag für Tag die gleichen Shows an und entdeckte immer wieder etwas Neues.

Ich liebe die Cabaret-Tänzerinnen. Sie sind Paradiesvögel, mit all ihren Federn und Strass ... Aber ich mag auch eine Bardot oder Audrey Hepburn, die eine so große Anmut und Modernität in Ballerinas (auch ein Tanzschuh!) ausdrückten.

Ich liebe das Universum der »freizügigen Pariserinnen« und der exotischen Pariserin wie Norma Duval oder Farida. In ihrem Herzen sind sie alle Pariserinnen, egal ob sie in Paris geboren wurden oder nicht. Arletty ist sehr pariserisch, wohingegen Deneuve in meinen Augen eher französisch ist.

Im kollektiven Unterbewusstsein ist Louboutin Synonym für Absatzschuhe, obwohl Sie auch viele andere Schuhmodelle produzieren.

Es ist besser beneidet zu werden als Mitleid zu erregen! Der Absatzschuh symbolisiert einen sehr gehobenen Schuh. Wenn man an Frauenschuhe denkt, denkt man an Absatzschuhe, aber ich mag auch flache Schuhe. Ich bin Verfechter des hohen Absatzes und der damit verbundenen Weiblichkeit. Eine Frau, die hohe Absätze mag, ist weder hirnlos noch eine »Tussi« – übrigens habe ich die aus den 1970er-Jahren stammende Debatte nie verstanden, derzufolge eine kokette, geschminkte, weibliche Frau gezwungenermaßen auch oberflächlich sein muss.

Es ist dieses Vorrecht auf Weiblichkeit, das ich verteidigte und um das gewiss viele Männer die Frauen beneiden. Das Bild des »liebreizenden Strohkopfes«, das in den 1950er- bis 1960er-Jahren projiziert wurde – unter anderem durch das Kino – ist vollkommen überholt. Niemand konnte mich jemals davon überzeugen, dass ein Ausbund an Weiblichkeit und Schönheit der Intelligenz schaden würde. Ich finde, dass dies eine äußerst begrenzte und veraltete Denkweise ist. Weiblichkeit macht Spaß und Frauen haben das Recht, damit zu spielen. Nehmen Sie zum Beispiel Tina Turner: selbstständig, geschieden, eine Frau, die ihre Karriere in die eigenen Hände nimmt und niemanden dazu braucht. Erinnern Sie sich, wie sexy sie war in ihrem hautengen Kleid auf der Bühne und ihren superhohen Absatzschuhen? Und Blondie? Mit ihren blond gefärbten Haaren, rotem Mund und Pantoletten verkörperte sie Schönheit und Weiblichkeit im eher männlichen Rockuniversum. Wer würde heute an ihrem Talent und künstlerischen Engagement zweifeln?

Trägt die Französin Absatzschuhe auf besondere Art und Weise?

Ja, aber nur weil sie eine größere Auswahl hat. Die Pariserin ist eine Stadtfrau. Sie ist ihren Händlern untreu, denn sie erliegt vielen Versuchungen. Sie trägt keine »Uniform« wie in manchen anderen Ländern. Die Pariserin mixt Jacken, Schuhe, Parfums, Taschen …

Eher Marlene oder Marilyn?

Ich mag Marilyn genauso sehr wie Marlene. Ein perfekter Schuh sollte beide Seiten haben: Marlene von vorn für die Eleganz, mit der sie ihre Beine übereinanderschlägt und Marilyn von hinten wegen ihres Gangs.

Welches sollte das erste Paar Louboutins sein, das man sich kauft?

Pumps, als Erstes das Modell Showcase mit 12-cm-Absatz.

· ·

»Weiblichkeit macht Spaß und Frauen haben das Recht, damit zu spielen.«

SIND BALLERINAS
EIN MUSS?

Das kleine Schwarze der Schuhe.
Das, was jede Frau unbedingt in ihrem Schuhschrank
haben muss, weil es zu allem mühelos passt.
Es stimmt, dass nicht nur Absätze sexy sein können.

Die heute unumgänglichen Ballerinas waren früher nur Tänzerinnen vorbehalten und kamen erst durch zwei Schauspielerinnen in Mode, deren Gemeinsamkeit es war, der Künstlichkeit der Hollywoodstars der 1950er-Jahre etwas entgegenzusetzen.

· ·

Esther Bonté, Tuchdesignerin in
Geox-Ballerinas

»Ich habe mir diese Ballerinas kurz entschlossen gekauft, als ich Ende September durch Paris spazierte. Es war schön und mild und ich trug zu warme Schuhe.«

1953: Audrey Hepburn dreht mit William Wyler *Ein Herz und eine Krone*. Sie fragt Ferragamo, Schuhmacher der Stars, ob er für sie ein Paar leichte Ballerinas mit einem kleinen Absatz kreieren könnte, um ihre tänzerinnenhafte Silhouette zu betonen. Der Film ist ein Erfolg, Audrey bekommt einen Oskar und der Weg zum Ruhm ist für alle »Primaballerinas« geebnet.

1956: Brigitte Bardot befördert die zeitlose Mode der Ballerinas dank der so leichten Cendrillons. Sie sind tief ausgeschnitten und machen einen sinnlichen Fuß. Und ihr Erfolg reißt bis heute nicht ab: Immer noch wird das Modell in den Schuhfabriken der Marke Repetto im Perigord mit einer Auflage von 6000 Paaren pro Tag produziert. Ein Schuhmodell, das eine neue Art sexy zu sein verkörpert.

Bald bieten alle Marken ihre Interpretation dieses Modells an: Roger Vivier designt 1962 für Yves Saint Laurent Ballerinas mit quadratischer Schnalle, die Catherine Deneuve in Luis Buñuels *Belle de jour* berühmt macht.

Andere berühmte Ballerinas sind zweifarbig, flach und von Chanel kreiert – beige, um das Bein länger wirken zu lassen, und schwarz, um den Fuß zu verkleinern. Sie kamen 1957 auf den Markt und sind bis heute fester Bestandteil der Kollektionen dieser berühmten Marke.

DOCH WAS SIND BALLERINAS ÜBERHAUPT?

Ballerinas, wie wir sie heute kennen, kamen 1932 in London auf, wo der Ballettliebhaber Jacob Bloch einen komfortablen Tanzschuh anfertigte. Sein Modell, das sich an den Absatzschuhen der damaligen Zeit orientierte, begeisterte schnell die besten Tänzer. Diese Variante eines flachen und weit ausgeschnittenen Pumps – dessen Name vom italienischen *scarpino* (kleiner Schuh) kommt – gab es schon seit mehreren Jahrhunderten und wurde sowohl von Frauen als auch von Männern in gutsituierten Kreisen getragen.

Anfang des 19. Jahrhunderts tragen die Frauen sie oft mit Bändern um die Knöchel. Sie sind aus so feiner Seide, dass sie nach einer einzigen Ballnacht durchgetanzt sind.

DIE WAHL DER RICHTIGEN BALLERINAS

Vorsicht, es gibt solche und solche! Für uns sind die wirklich wahren und schicken Ballerinas die *à la française* – das Modell, das von den Ballettschuhen von einst inspiriert wurde, mit einer kleinen Schleife vorn, um den Schuh fester zu schnüren. Und auf gar keinen Fall das Modell mit dickem Gummisohlenrand, verstärkten Nähten oder Riemen vorne!

Wir mögen Ballerinas aus Stoff, Lack oder Leder. Vergessen Sie Billigmaterialien und Niedrigpreisanfertigungen, die schnell runzelig werden. Haben Sie Mut zu Farbe und Tierprints! Ballerinas im Leopardenlook können ein Outfit aufpeppen. Auch wenn die Fashionistas die Ballerinas abgelegt haben, werden sie in der Pariser Repetto-Boutique weiterhin gut verkauft. Man trägt sie in Schule und Büro. Ballerinas sind praktisch und passen zu (fast) allem.

. . . .

Beweis dafür, dass Ballerinas immer noch in sind:
Hedi Slimane, seit März 2012 künstlerischer Leiter des Hauses Yves Saint Laurent, brachte die Ballerinas Dance heraus, den Ballettschuh für den Alltag, und setzt so die Tradition eines Klassikers des großen Couturiers fort.

Sind Slippers die
neuen Ballerinas?,
fragt uns dieses Paar
Louboutins mit Nieten

MANCHMAL EIN BISSCHEN
ZU …!

Für den Designer Fred Marzo sind Ballerinas Straßen- und keine Hausschuhe: »Sie müssen ein Minimum an Struktur besitzen, um schick zu sein. Wenn sie sich zu schnell verformen, zeichnen sich die Zehen ab und das ist nicht sehr schön.« Ballerinas kann man fast zu allem tragen, zu einer kurzen Jeans oder Chino genauso wie zu einem Tellerrock. Wenn Sie nicht so lange Beine haben, sollten Sie darauf achten, dass Sie keine breiten oder gerade geschnittenen und nur knöchellange Hosen dazu tragen. Das wird Ihre Beine länger wirken lassen.

Ballerinas sollten eine flache, feine Sohle haben. Man trägt sie zum Flanieren und nicht für Gewaltmärsche.

WELCHE
VARIANTE?

Ob nun flach oder mit einem kleinen Absatz: Weit ausgeschnitten müssen sie sein, so, dass man den Ansatz der Zehen sehen kann. Das verlängert den Fuß. »Doch man muss darauf achten, dass der Fuß gut gehalten wird«, verrät Fred Marzo.

Weit ausgeschnittene Ballerinas sind nicht jedermanns Geschmack. Manche Frauen mögen es nicht, wenn so viel von ihren Zehen zu sehen ist. Sie meinen, das sei »unanständig« oder »bei mir steht ein Knochen zu weit vor, das ist hässlich« … Richtig, man sollte seine kleinen Fehlerchen, alles, was einen stören könnte, kennen.

Achten Sie auf jeden Fall auf eine sehr feine Sohle »mit einem ganz kleinen Absatz für den Komfort!«, ergänzt Fred Marzo, und vermeiden Sie dicke Gummisohlen.

Da sehr flache Schuhe auch den Fuß abflachen, sollten Sie ebenso Ballerinas mit gekreuzten Gummibändern vermeiden, die Ihren Fuß noch größer erscheinen lassen.

Manche finden, dass Ballerinas sie gedrungener erscheinen lassen …

Das mag sein, wenn man sie zu einer weiten Hose oder einem langen Rock trägt. Aber nicht, wenn sie weit ausgeschnitten sind und sie mit einer Slim oder knöchellangen Hose (7/8, Boyfriend oder hochgekrempelte Chino) kombiniert werden. Ballerinas passen auch zu einem knielangen oder Minirock … oder einer Shorts. Wenn Sie sich unsicher sind, nehmen Sie sich einfach Brigitte Bardot in *Und ewig lockt das Weib*, Audrey Hepburn oder Jean Seberg als Vorbild. Ihre Art, Ballerinas zu tragen, wird niemals aus der Mode kommen.

. . . .

Einige Zahlen

Man sagt, die französische Königin Marie-Antoinette habe 500 Paar dieser Ballettschuhe besessen, die ein Diener pflegen sowie nach Farbe und Modell sortieren musste. Ein Paar von Marie-Antoinettes wertvollen Seidenschuhen wurde im Oktober 2012 für 62 460 € bei einer Auktion im Hôtel Drouot in Paris verkauft.

OLIVIER JAULT

Schuhdesigner bei Repetto

. . . .

1947: Auf Anraten ihres Sohnes, des Tänzers Roland Petit, entwirft Rose Repetto ihre ersten Tanzschuhe.
1956: Auf Wunsch von Brigitte Bardot kreiert Rose die Cendrillon-Ballerinas. In karminrotem Lack werden sie an den Füßen von Brigitte in der skandalösen Filmszene von *Und ewig lockt das Weib* des Regisseurs Roger Vadim zum Mythos. Heute werden jedes Jahr 500 000 Paar Repetto-Ballerinas in der Schuhfabrik in der Dordogne gefertigt. Das Symbol ist unsterblich geworden!

Wie erklären Sie sich den unglaublichen, dauerhaften Erfolg der Ballerinas?
Sie sind »generationsübergreifend«. Unsichtbar und zugleich präsent. Von großem Komfort und einfacher Eleganz. Man kann sie sowohl zu Slimjeans als auch zu einem Rüschenrock tragen. Von 15 bis 75 Jahren. Und es sind vor allem Schuhe, die aktiv zur Verjüngung der Silhouette beitragen. Sie machen jung. Welche Frau wünscht sich das nicht? Von den 25 Farben, in denen wir unsere Ballerinas anbieten, ist Rosa der Dauerbrenner.

Was sind schöne Ballerinas für Sie?
Dafür reicht ein Wort: Leichtigkeit. Ballerinas müssen die Fortsetzung des Fußes sein. Sie sind wie ein Handschuh für die Füße. Das sind die drei Maxime, an die wir uns halten. Die Leichtigkeit der Ballerinas ist eine interessantere Art, den Begriff »sexy« zu interpretieren. Wie bei dem kleinen Schwarzen ist es gerade diese Schlichtheit, die schwierig umzusetzen ist. Die Qualität des Leders, das bei Repetto *made in France* ist, zusammen mit unserer berühmten Wendenahttechnik – *cousu-retourné* – machen sie zu einem hochwertigen Produkt.

Welche Inspirationen helfen Ihnen?
Repetto ist kein Modehaus der aktuellen Trends. Repetto bietet zeitlose Modelle an, die dem Kern der
Marke treu bleiben: dem Tanz. Abgesehen vom klassischen Modell gibt
es welche für Tango, Salsa, Walzer,
Hip-Hop ... Unser Angebot reicht von
Ballerinas über Ballroom-Stegspan-
genschuhe bis hin zu Sneakers. Vor
ein paar Jahren hatte ich das Gefühl,
dass uns ein fester Schuh in unserem
Angebot fehlt, und habe die berühmten Michaels entworfen. Zufällig hat
Kate Moss sie in schwarzem Lack gekauft, sich damit fotografieren lassen
und auf einmal wollten alle Mädchen
diese Schuhe. Seien Sie versichert:
Ich habe noch mehr Ideen in petto.

Foto: DR

· ·

Es lebe der Trend zum »Unikat«!
Bei 252 Lammledernuancen, Farben der Bordüre,
des Schafts und der verschiedenen Bänder kann jeder »sein«
individuelles Paar Cendrillons anfertigen lassen.
Doch die Einzigartigkeit hat ihren Preis: 320 €.

· ·

Wussten Sie schon?

1970. Durch Zufall fand Jane Birkin in einem Wühlkorb im Schlussverkauf ein Paar
Schuhe, von denen sie meinte, dass sie gut zu den feinen Füßen von Serge Gainsbourg passen würden. Es sind die berühmten Zizis, die Rose für ihre Schwieger-
tochter Zizi Jeanmaire entworfen hatte. Gainsbourg probiert sie an und will sie nie
wieder ausziehen. Er wird zum Aushängeschild der Marke.
2000. Repetto arbeitet mit großen Designern zusammen – Issey Miyake, Yohji
Yamamoto, Karl Lagerfeld und Comme des Garçons, die ein Modell der Ballerinas
mit Nieten schmücken.
2012. Repetto eröffnet eine Ausbildungsstätte für Lederhandwerk. Ziel: Erlernen
der Wendenahttechnik für die Herstellung von Ballerinas in sechs Monaten.

GLITZER-
WELT

. . . .

Manchmal würden wir unsere Schuhe gerne ein bisschen verzaubern. Nicht, um schneller laufen zu können oder den Traumprinzen zu finden. Nein ... Nur um unseren Füßen etwas mehr Glamour zu verleihen, damit der Asphalt ein bisschen weniger grau erscheint.

Herbst/Winter 2011/12. Miu Miu, Versus und Marc Jacobs bringen die Augen der Frauen mit hohen mit bunten Pailletten besetzten Absätzen zum Glänzen. Ob als Hommage an die roten Schuhe von Dorothy beim *Zauberer von Oz* oder an die schillernden Diskojahre, glitzern muss es! Doch die wieder aufkommende Mode beschränkt sich dieses Mal nicht mehr nur auf den Dancefloor oder die Jazztanzstunden und wilden Partys. Pailletten werden jetzt auch am Tag, bei Geschäftsessen und Spaziergängen getragen. Man wundert sich nicht mehr über Business-Pumps oder brave Mary-Jane-Schuhe, die glitzern und glänzen.

Das Internet ist voll von genialen Tutorials: Hier eine Anleitung, um einem banalen Paar Boots mit Pailletten am Absatz zu neuem Glanz zu verhelfen, und dort ein paar Tipps, um den abgewetzten Turnschuhen durch einen Paillettenregen neues Leben einzuhauchen. Gleichzeitig erobern immer mehr Gold- und Metallnuancen unseren Schuhschrank. Diese glänzenden Farben haben es nun auch geschafft, selbst den störrischsten Schuh für sich einzunehmen. So sieht man selbst Brogues – diese strengen, sehr maskulinen Schuhe – adrett in goldenem Glanz erstrahlen.

Gold und Glitzer verfolgen das gleiche Ziel: Klassiker auffrischen und langweilige Outfits mühelos aufpeppen. Sie sind ausgezeichnet für Tage, an denen man zu faul ist, über sein Outfit nachzudenken.

Die Rechnung klassischer Halbschuh + ein Hauch Humor geht immer auf und behauptet sich gegen alle saisonalen Modeerscheinungen. Man muss sich nur auf dieses Abenteuer einlassen und vermeiden, dabei wie eine Diskokugel auszusehen.

. . . .

Madjissem Beringaye, Unternehmensleiterin. Kleid von Acne, Trenchcoat von & Other Stories, Handtasche von Céline, goldene Boots von George Esquivel

»Ich habe Schuhgröße 42 und es ist mir schon passiert, dass ich mir zu kleine Schuhe gekauft habe, nur weil ich sie haben wollte.«

Emanuelle Mésséan de Sélorges, Kommunikationsberaterin. Militärjacke von Dour-soux, T-Shirt von The Kooples, Boyfriend-Jeans von Gap, Sandaletten von Pura Lopez

»Ich liebe diesen Touch von Glanz und Glamour an den Füßen. Vor allem bei Sandalen finde ich das sehr sexy.«

Die richtige Wahl bei goldenen Schuhen und Schuhen mit Pailletten

➤ **Wenn Sie Angst haben,** dass man Ihnen nur auf die Füße schaut (anfangs mutet das seltsam an, doch man gewöhnt sich daran!), dann beschränken Sie das Risiko, indem Sie Schuhe aus zwei verschiedenen Materialien tragen (Beispiel: Wildleder vorn und Pailletten diskret hinten) oder mit nur einem extravaganten, glänzenden Detail wie dem Absatz bei Pumps, dem Riemen einer Sandale oder der Spitze bei Ballerinas.

➤ **Entscheiden Sie sich** lieber für schlichte und diskrete Modelle: klassische Derbies, Sandalen oder Pumps anstatt kapriziöser Schuhe oder Absatzstiefel, die wie gerade frisch aus der Peepshow wirken.

➤ **Meiden Sie auch andere Schnörkel** wie Nieten, Schnallen, 5 cm hohe Plateausohlen, die die Wirkung verderben könnten. Wieder gilt das Motto »So schlicht wie möglich«.

➤ **Eine dünne Schicht** Glitzerfarbe oder Paillettenapplikationen: Das macht einen Unterschied. Ersteres ist diskreter und passt zu allem. Ton in Ton mit dem Wildleder oder dem Leder des Schuhs bemerkt man es kaum.

➤ **Bei Gold sollten Sie auf die Nuance achten.** Wie bei Schmuck gilt: auf keinen Fall gelbliches Gold wie in Bollywood oder *Tausend und einer Nacht.* Zu empfehlen sind Kupfer-, Bronzetöne oder Töne in Altgold. Das ist weniger grell und eleganter.

Anne Tourneux,
TV-Stylistin. Jeans
von Surface to Air,
T-Shirt von Ameri-
can Apparel, Schuhe
von Gucci, Hut
von Anthony Peto,
Tasche von agnès b.,
Mantel von Mango,
Schmuck von Chan
Luu und Vanrycke

Goldene Stiefeletten
des jungen Designers
Fred Marzo,
made in France

Das passende Outfit

Bei Gold und Pailletten und überhaupt allem, was glänzt, gibt es keine Beschränkung. Trauen Sie sich einfach, zu sagen: »Das passt zu allem!« Im Sommer zu gebräunten Füßen, im Winter mit Socken oder halb blickdichten Strumpfhosen (schwarz, marineblau, grau oder auch Spitze).

Selbst wenn Gold und Glanz bei ihrer Kleidung die Ausnahme sind, sollten Sie keine Angst davor haben. Sie werden sehen, dass beides zu einer unendlichen Anzahl an Outfits für den Tag und den Abend passt. Lassen Sie Ihre glänzenden Schuhe nicht im Schrank verstauben, sondern tragen Sie sie, als ob nichts dabei wäre. Zu Anfang empfiehlt es sich, sie mit dem Duo Jeans + T-Shirt zu kombinieren. Das Schlichte ist die beste Art, sich daran zu gewöhnen. ... Ach, da sind ja ein paar Pailletten an meinen Turnschuhen! Schritt für Schritt werden Sie es wagen, sie auch mit anderen Stücken aus Ihrem Kleiderschrank zu kombinieren.

➤ **Wenn Sie schüchtern sind,** kombinieren Sie sie mit Basics:
• Jeans + grauer Secondhandpulli + goldene Derbies
• eierschalenfarbene Chinos + marinefarbener Caban + Boots mit Paillettenabsatz
• 7/8-Hose + blau-weiß-gestreifter Ringelpullover + goldene Ballerinas
• Sommerkleid aus grober Baumwolle + Glitzersandalen
➤ **Trauen Sie sich,** Prints mit schicken Teilen zu kombinieren:

Creepers von Underground

• Blümchenkleid + goldenen Mary-Jane-Schuhe
• Karohose + Jeanshemd + Glitzer-Derbies
• grüne Ledershorts + ärmelloses T-Shirt + goldenen Sandalen
• beiges Bleistiftkleid + goldene Pumps
➤ **Nicht nur Schwarz,** sondern auch Beige, Rosé, Camel, Braun, Grau, Khaki, Marineblau und Bordeaux werden durch goldene Schuhe besonders betont.
➤ **Achtung: Mixen Sie nicht Ihre Glitzerschuhe** mit anderen Glanzstücken (Strasspullover, Paillettenrock), sonst sehen Sie aus wie ein geschmückter Weihnachtsbaum – *less is more.*
➤ **Sie können auch gern auf Silber setzen.** Die Handhabung ist die gleiche. Es ist reine Geschmackssache.

Paloma Paraire, Studentin.
Jogging Sweat Pants mit
goldenen Tintines von Fred Marzo

Diese Sandalen von Michel Vivien sind so biegsam, dass sie in jeden Koffer passen!

MATHILDE TOULOT

Journalistin und Gründerin des Blogs »SHOOOOES«

In den USA liebt man die traumhaften Schuhe des extravaganten Rotschopfs Jane Aldridge und ihr *shoesing* auf ihrem Blog »Sea of shoes«. In Frankreich steht man auf spritzige Texte und den Schuhschrank von Mathilde.

Wann begann deine Leidenschaft?

Meine Lieblingsbeschäftigung als Kind war es, mir Schuhe aus der schönen Charles-Jourdan-Sammlung meiner Großmutter auszuleihen, damit ich darin durch den Garten stolzieren konnte. Am liebsten aber dachte ich mir Geschichten zu den Schuhen aus. Wie jeder Schuh zu einer starken, aktiven Frau passte, die ihren Platz in der Welt erobert hat. Lasst das bloß keinen Psychiater hören!

Wie erklärst du dir die Sucht der Frauen nach Schuhen?

Der Schuh verkörpert unsere Einstellung zu Verführung, Selbstbehauptung, Weiblichkeit (Absätze lassen eine Frau stark oder zerbrechlich wirken). Lange und spitze Absätze sind wie ein Phallus ... Auch wenn ich Klischees verabscheue, so ist es doch interessant, das

zu beobachten. Und der Schuh ist einfach zu handhaben. Er ist ein Accessoire, das weniger ins Auge sticht als ein Kleid. Egal welche Schuhgröße man hat, man kann sich vieles erlauben. Er ist spielerisch und verändert ein Outfit im Handumdrehen.

Magst du lieber flache oder hochhackige Schuhe?

Ich liiioebe Absatzschuhe, doch noch mehr liiiieeeebe ich meine Freiheit. Ich hasse Zwänge. Vor Kurzem habe ich mir darüber meine Gedanken gemacht (was mich getröstet hat, nicht immer Absätze zu tragen): Wenn ich Stelzen trage, ist mein Körper instabil und muss ständig aufpassen, sein Gleichgewicht zu halten. Mein Gehirn muss sich unaufhörlich auf diese unnötige Aufgabe konzentrieren. Und wenn mir dann noch die Füße schmerzen, kann ich an nichts anderes

Foto: Benjamin Nitot

»Woran erkennt man einen schönen Schuh? **An den Pailetten!** Nein, ich spaße nur.«

mehr denken. Als ob es nichts Besseres geben würde, womit sich meine grauen Zellen beschäftigen könnten.

Sollte man ungebremst seinen Begierden folgen?
Ich bin überhaupt keine ungebremste Käuferin (manchmal wünschte ich mir, verrückter zu sein!). Meine Käufe sind überlegt. Aber wenn ich gestresster bin, bin ich auch anfälliger für impulsive Kaufattacken. Meine Church's Derbies zum Beispiel. Doch zum Glück bin ich selbst dann recht pragmatisch, glaube ich …

Weshalb verliebst du dich in einen Schuh?
Das Verschmelzen von Tragekomfort und Niedlichkeit! Meine Saint-Laurent-Pumps mit niedrigem Absatz und roter Paillettenschleife aus der Kollektion SS14 sind ein gutes Beispiel dafür. Ein Modell, das man häufiger in meinem Schrank findet? Schwarze Stiefeletten. Das ist das Ergebnis meines Schuh-Bovaryismus. Ich bin nie zufrieden und ständig auf der Suche nach den perfekten schwarzen Stiefeletten.

Was macht einen schönen Schuh aus?
Das Know-how. Eine scharfe Linie, die durch die Hand eines exzellenten Modellisten ausgearbeitet wurde, die Wahl von hochwertigen Materialien … Hässlicher Kunststoff und überstehende, geleimte Enden sind, selbst wenn das Modell nett ist, für einen Schuhliebhaber wie mich ein No-Go.

Hohe Absätze, die den Füßen nicht wehtun. Gibt es das?
Es gibt keine bequemen Absatzschuhe, sondern nur Lügnerinnen (oder Fakire)!

Heutzutage angesagte Designer …
Die Franzosen sind gut: wie Amélie Pichard, Fred Marzo, Olivia Cognet bei Apologie, Thomas Lieuvin (der Jüngste der Truppe) und ich mag Flamingos, die Marke von Anne Blum, seit 20 Jahren Agentin der größten Schuhhersteller. Auf internationaler Ebene gibt es das Spitzentrio: Charlotte Olympia, Nicholas Kirkwood und Tabitha Simmons. Sophia Webster ist top im Bereich English-too-much. Und als Gegenpol dazu ist Francesco Russo der neue *king*.

Adeline Roussel, Schmuckdesignerin.
Sneakers von New Balance Vintage.
Levis-Jeans, Mantel von
Julie Barnes, Umhänge-
tasche von Hermès,
Tasche von L. L. Bean

SCHICK IN
SNEAKERS

Es hat 40 Jahre gedauert, bis die Sneakers es von Harlem auf die großen Modenschauen von Chanel Haute Couture Sommer 2014 geschafft haben. In den 1970er-Jahren von den Hip-Hoppern entdeckt, landeten sie dann an den Füßen der B-Boys. Nichts war passender zu Breakdance oder Rap als Turnschuhe, mit denen man immer mühelos gestylt wirkt.

Als offizieller Schuh der Rapper der 1980er trägt man sie personalisiert mit Schnürsenkeln und passend zur Kangol-Kappe. Jeder Rapper, der was auf sich hält, hat immer eine Zahnbürste dabei, um seine Allerheiligsten von unästhetischen Flecken zu befreien und sie glänzend und makellos zu bewahren. Mit dem Welterfolg des Clips *My Adidas* von Run DMC 1982 unterzeichnet die Band den ersten Sponsoringvertrag der Geschichte außerhalb der Sportwelt für 1 Million Dollar. Die Verkäufe explodieren. Von da an will jede Sportmarke ihren Teil vom Sneakers-Kuchen abhaben. Nike und Heavy D, Converse und Busy Bee, Fila und Fresh Gordon … alle wollen sie ihre eigene Hip-Hop-Gruppe zum Promoten ihres Produkts haben.

Doch Nike setzt auf ein anderes Pferd: den jungen Basketballspieler Michael Jordan, der dem Air Jordan zu einem unglaublichen Hype verhilft. Dieser fulminante Erfolg veranlasst Nike, Limited Editions herauszugeben. Sneakers werden zu einem Objekt der Sammlerbegierde.

Man muss sich nur einmal auf eBay die explodierenden Preise für bestimmte Modelle anschauen: 3999,99 Dollar für Reeboks Pump 20th Anniversary.

Hogans von Katie Grand

Neon Sneakers, um ein tristes
Outfit aufzupeppen

Mittlerweile erobern auch Running Shoes die urbane Mode. Während die New Yorker *working girls* sie in den 1990ern als Ersatzschuhe benutzten und damit Manhattans eroberten, hatten die Französinnen bereits ihr modisches Potenzial als Accessoire erkannt. Sie tragen die New-Balance-Schuhe von Bill Clinton nicht nur wegen ihrer Bequemlichkeit und Einfachheit. Sie wählen mit Bedacht und entscheiden sich für das richtige Modell: Gazelle oder Stan Smith von Adidas, Waffle von Nike, Converse All Star, Vans Era … Jedem das Seine. Dabei macht es nichts aus, regelmäßig die Lager zu wechseln. In Sachen Mode darf man ruhig untreu sein.

FRANZÖSINNEN HABEN IHRE BESONDERE ART, SNEAKERS
ZU TRAGEN

Neben der Hip-Hop-Version und der für »von Absatzschuhen geplagte Füße« erfanden sie eine dritte Art, Turnschuhe zu tragen: ein Hauch Konventionsbruch, ein Touch Eleganz, eine Prise Gutbürgerlichkeit. Bei der Einführung der Sportswear im *sophisticated dressing* bleibt die Französin in ihrer Art, sich so mühelos schick zu kleiden, unangefochten. Ja, die Französinnen arbeiten an ihrem Look, aber sie bleiben dabei cool und gelassen. Running Shoes bewahren sie vor einer zu kalkulierten Eleganz. Ist die Französin *sophisticated* oder leger? Weder das eine noch das andere. Sie verbindet beide Extreme: Netzstrumpfhose + Reeboks, Prince de Galles + Stan Smith, Chiffon + Converse …

MÜSSEN ES DESIGNER-TURNSCHUHE
SEIN?

Chanel, Maison Martin Margiela, Dior, Isabel Marant, Louis Vuitton, Kanye West … Man kann sich für Sneakers entscheiden, die von einem großen Modenamen aufgewertet werden, wie die berühmten Colorama-Sneakers 2008 von Pierre Hardy in der Limited Edition. Das sofort ausverkaufte Modell besitzt Kultstatus und die Schuhdesigner bringen jede Saison eine neue Version heraus.

Sophisticated details (Keilabsatz, Stickerei, Pailletten) verhelfen Ihnen zu einem selbstsicheren Style. Doch die weniger ängstlichen Fashionistas bedienen sich lieber im Schuhregal eines Sportgeschäfts. Sie brauchen keine Designerkollektion. Darüber hinaus profitieren sie von der hervorragenden technischen Qualität dieser kleinen Design-Bomben: flexible, gedämpfte Sohle, maximale Belüftung, extreme Leichtigkeit … Bleibt nur noch, sie auch zu etwas anderem als der Jogginghose zu tragen!

> »Ich trage selten Absatz-
> schuhe. Ich bin in Paris mit
> dem Fahrrad unterwegs.
> **Mit Absatzschuhen
> auf dem Fahrrad sieht
> man aus wie eine
> Heuschrecke!«**
>
> Adeline Roussel

. . . .

Zu was Sneakers
tragen?

**Natürlich sind Sneakers nicht gerade die
elegantesten Schuhe. Na und? Wollen Sie
wirklich 365 Tage im Jahr schick aussehen?
Sie dürfen auch mal Spaß haben!**

➤ **Zu Jogginghose oder Jeans** verstößt gegen
die Regeln. Nutzen Sie die Fashion-Aura Ihrer
Sneakers, um Ihren Look aufzupeppen.
Beispiel: marinefarbene Leinenhose +
Bluse + farbige Nikes

➤ **Um eine stolze Haltung zu bewahren,**
kombinieren Sie Ihre Turnschuhe mit
Kleidungsstücken bester Qualität. Vergessen
Sie den Grunge-Pulli oder die ausgewaschene
Jeans, wenn Sie älter als 25 sind.
Beispiel: strenger Blazer + grauer Kaschmir-
pullover mit V-Ausschnitt + 7/8-Hose + Stan
Smiths

➤ **Trauen Sie sich, sie anzuziehen!** Für einen
angesagten Aperitif oder ein informelles
Essen verleihen Sneakers einem ultrafemininen
Outfit einen gewagten Touch.
Beispiel: T-Shirt + Lederbleistiftrock + New
Balances

VORSICHT!

➤ **Weiße Turnschuhe:** Keine Ahnung warum, aber abgesehen von Stan Smiths sehen alle anderen so aus, als ob Sie gerade aus dem OP kommen. Vermeiden Sie also den Komplett-Weiß-in-Weiß-Look.

➤ **Silberne Turnschuhe:** Übertreiben Sie es bitte nicht. Sonst hält man Sie noch für eine dieser Statuen vor dem Louvre, die sich erst bewegen, wenn man ihnen eine Münze in den Hut wirft. Kombinieren Sie sie beispielsweise mit weißen Chinos und einer Cabanjacke.

➤ **Turnschuhe mit Pailletten:** Geht, wenn Sie sie tragen, um ein langweiliges Outfit aufzupeppen.

➤ **Schwarze Turnschuhe:** langweilig! Sneakers sollen Ihren Look aufpeppen und nicht einschläfern! Seien Sie nicht so schüchtern.

➤ **Turnschuhe mit Tierprints:** Leopard, Tiger, Schlange ... Die Tiere sind los!

Schlangenslippers von Claris Virot

Jeder hat mindestens ein Paar Converses in seinem Schrank

Aber nicht zusammen mit einem zu schrillen Outfit. Auch hier gilt: *less is more*.

➤ **Und was ist mit Hidden Wedges?** Da gehen die Meinungen auseinander. Diese Turnschuhe, die eher einem orthopädischen Schuh als einem Tanzschuh ähneln, wurden von Isabel Marant im Jahr 2008 populär gemacht und seitdem unendlichfach von zahlreichen kleinen Marken kopiert. Sie sind nicht einfach zu tragen, weil sie den schmalsten Bereich des Beines, den Knöchel, verdecken und so das Bein dicker erscheinen lassen. Fazit: nur von gertenschlanken Frauen tragbar. Sagen Sie nicht, wir hätten Sie nicht gewarnt!

* *

»Ich stehe zu meiner Größe und trage gerne Absätze. Ich spiele sogar damit. Wenn ich meine Absatzschuhe trage, bin ich fast 2 Meter groß.«

Madjissem in einem Kleid
von & Other Storries, Nike-
Sneakers Colette Collection,
Minaudiére-Tasche Aldo

Wir lieben Sawa Shoes, die komplett in Äthiopien hergestellt werden und deren Materialien alle ausschließlich aus Afrika kommen.

Geheimtipps

Damit die Sohle immer weiß und wie neu glänzt, putzen Sie sie mit einer einfachen Zahnbürste und Zahncreme.
Um das Leder zum Glänzen zu bringen, verwenden Sie ein bisschen Pflanzenöl oder eine einfache Feuchtigkeitscreme.

Weiße Turnschuhe, können Sie in der Waschmaschine waschen oder wie Jay-Z jeden Tag ein neues Paar tragen.
Imprägnieren Sie Ihre Turnschuhe ruhig vor dem Tragen. Das schützt sie vor Flecken und sie lassen sich leichter reinigen.

Glänzen Sie mit Zahlen

1918: Geburtsjahr der Converse All Star Chuck Taylors
1964: Geburtsjahr der Adidas Stan Smiths, Neuauflage 2013
1973: Geburtsjahr der Puma Clydes
1984: Geburtsjahr der Nike Air Jordans
1989: Geburtsjahr der Reebok Pumps
2000: Anzahl der Schuhpaare von Damon Dash, die er nach Marken und Farbe ordnet ... Damit könnte er fünf Jahre lang jeden Tag ein Paar neue Schuhe anziehen.
15 Millionen: Anzahl der weltweit verkauften Air Force Ones von Nike
30 Milliarden Dollar: Umsatz der Turnschuhindustrie weltweit

Bensimon

Bensimons sind eine französische Legende. Dieser kleine Turnschuh wurde ursprünglich als Sportschuh beim Militär getragen und von Serge Bensimon in den 1980er-Jahren aufgegriffen. In knalligen Farben gefällt er den Redakteurinnen der französischen *Elle* und so auch den besten internationalen Frauenmodezeitschriften. Mit seiner Gummisohle und grell gefärbtem Baumwollstoff bedurfte es bei ihm keines Liftings. Er wird immer noch in den gleichen europäischen Fabriken gefertigt wie in den 1980ern. Mit mehr als 60 000 Fans auf Facebook, 20 Farben der Saison für das klassische Modell, limitierten Auflagen, Prints, gefütterten Modellen für den Winter, Koeditionen mit berühmten Designern wie Jean Paul Gaultier oder Donna Karan ist der Bensimon generationsübergreifend, saisonunabhängig und unisex.

PIERRE HARDY

Schuhdesigner

Wenn dieser Mann Ihre Beine anstarrt, dann aus gutem Grund. Es ist der kleine, charmante Tick eines der bei den Französinnen beliebtesten Schuhdesigners.

. . . .

Wie sind Sie Schuhdesigner geworden?

Durch Zufall und durch meine große Leidenschaft: das Zeichnen. Meine Tante Antoinette, die Zeichenlehrerin war und fand, dass ich begabt war, überzeugte meine Eltern, mich in diese Richtung gehen zu lassen. Als Kind habe ich die ganzen Sommerferien über gezeichnet, mir Figuren ausgedacht, für die ich Kleider, Accessoires und Schuhe entworfen habe. Ich habe sie in Tusche gezeichnet und dann als Aquarell gemalt. Als ich dann angewandte Künste studierte, habe ich von allem ein bisschen gemacht, von Anatomie bis Architektur. Alles hat mir gefallen. Nach meinem Studienabschluss wurde ich Lehrer, um nicht die Qual der Wahl zu haben. Es war der einzige Beruf, den ich kannte, denn meine beiden Eltern waren ebenfalls Lehrer. Im Laufe der Zeit machte ich viele Bekanntschaften und man beauftragte mich mit der Illustration der Zeitschrift

La Mode en peinture, ein wunderbares Modemagazin von Prosper Assouline. Ein befreundeter Agent verhalf mir zu Arbeit bei den großen Modehäusern. So habe ich mich schließlich bei Dior wiedergefunden. Das war damals die weltweit bekannteste Modemarke. Ich war sehr tollkühn, denn die Kollektion war riesig. Ich kümmerte mich um Lizenzen für Läden und der Konfektion. Durch *learning by doing* begann ich, Themen aufzustellen, Kollektionen zu entwickeln und in den Archiven zu suchen. Heute ist das alles eine Selbstverständlichkeit.

Ihre Marke wird immer bekannter. Wie sehen Sie Ihre Zukunft?

Ich möchte die Avantgarde in der Mode mit der Führung im Wirtschaftsbereich vereinen, was ein sehr schwieriges Unterfangen ist. Ich toleriere keine Kompromisse. Das ist mein Lebensmotto. Ich mag es, wie Azzedine Alaïa seine Karriere managt und

Foto: Pierre Even

dabei ungebunden bleibt. Die Marke Pierre Hardy muss Bulldozern die Stirn bieten, die enorme Mittel zur Verfügung haben. Schuhe sind ein Accessoire, das eigenständig funktioniert, seine eigene Berufung haben muss. Man entwirft einen Schuh für den kleinsten Teil der Silhouette. Manche Schuhe wurden gemacht, um mit der Silhouette zu verschmelzen, andere um sie hervorzuheben. Ich versuche, ein kohärentes Objekt zu entwerfen, das nicht nur einfach eine Verlängerung des Kleidungsstücks ist. Meine Schuhe sind etwas für Wagemutige, Exzentriker, weit weg vom Mittelmaß. Die Pierre-Hardy-Frau ist *sophisticated* und möchte sich abheben. Sie setzt sich vom Uniformismus ab. Aus diesem Grund habe ich nicht nur eine einzige Muse. Denn ich beschreibe eine globale Ästhetik, die nicht in einer Muse verkörpert werden kann.

Schauen Sie auf der Straße auf die Schuhe der Frauen?
Natürlich, auf die Schuhe und die Beine. Ich beobachte die Frauen und ihren Gang.
Ich mag schöne Beine. Etwas kräftigere Beine stören mich nicht. Sehr dünne Beine sind nicht unbedingt schön. Doch ich mag schlanke Fesseln. Was die Höhe des Absatzes betrifft, so finde ich, dass man die Grenze zu Prothesen erreicht hat. Zu extravagante hohe Absätze machen den Gang ungraziös.

»Ich wusste noch nicht einmal, dass Schuhe entwerfen ein Beruf war.«

Victoria Romano, Ladenbesitzerin
Kleid von Tara Jarmon,
Espadrilles von Pare Gabia, Tasch
von Campomaggi, Armbänder von
Balenciaga, Tiffany&Co, Pomellato
Kette von Chopard

SANDALETTEN –
EIN HAUCH VON NICHTS
AN DEN FÜSSEN

Ein Paar Riemchen, eine Ledersohle ... Das verheißt laue
Sommernächte, gebräunte Füße, Freiheit und Sinnlichkeit.
Ah! Wenn das Leben doch nur immer so einfach wäre!

»Im Urlaub und sobald es in Paris warm ist, trage ich nur Sandalen.«

Marina de Gaetano

. . . .

Jede Zivilisation hat ihre Modelle und eigenen Materialien: bei den Ägyptern aus Papyrus, mit Holzsohle bei den Persern, Seil bei den Spaniern und mit teuren Steinen und feinem Gold bei den reichen Römerinnen, während die Sklaven barfuß gehen mussten – und der griechische Gott Hermes besaß sogar welche mit Flügeln. Lange Zeit ein Relikt der Antike, wie auf Gemälden des 19. Jahrhunderts zu sehen, beispielsweise auf dem Bild *Der Schwur der Horatier* von Jacques-Louis David, kommen die Sandalen erst wieder Anfang des 20. Jahrhunderts auf und werden fester Bestandteil unseres Schuhrepertoires. Die Flower-Power-Generation macht diesen offenen und ungezwungenen Schuh, der bis in die 1940er-Jahre als unanständig galt, zu einem Symbol ihrer Gegenkultur. Und Jackie Onassis wurde definitiv mit den Sandali Canfora an ihren Füßen zur Legende. Diese berühmte Marke von Capri ehrt sie dafür mit der Kollektion Like Jackie, die alle Lieblingsmodelle der ehemaligen First Lady der Vereinigten Staaten umfasst.

DIE
ZEITLOSEN

Unsere Favoriten sind die minimalistischen und somit supereleganten, wunderschön Verarbeiteten mit Ledersohle und -riemen, eher *made in France* oder *Italy* als *made in India* – zweifellos teurer, doch auch solider. Das bekannteste Modell sind die Tropé-ziennes, gefolgt von den Stegspangenschuhen aus dem Hause Rondini, seit 1927 mit Sitz in Saint-Tropez. Auch heute noch werden sie dort in der Rue Georges-Clemenceau gefertigt und sind für die Französinnen *die* Sandale, die oft von der Mutter an die Tochter weitervererbt wird. Sie passen zu allen Sommeroutfits und

Sandalen von Atelier Mercadal

Blutrote Sandaletten
von Giuseppe Zanotti

»Thomas Lieuvin ist
ein junger, sensibler,
muskulöser und gut
frisierter Designer.
Seine Schuhe sind
fantasievoll und
ausgesprochen
bequem.«

Stéphanie Lacarrere,
Modeberaterin.
Mantel von Zara, Sweatshirt
von Angels de Schine,
Tasche von Essentiel und
Sandaletten von Thomas Lieuvin

urban styles, doch sie erfordern gut pediküre Füße und perfekte Nägel. Ob zu einer weißen Jeans, Top, trapezförmigem Kleid oder Jeansshorts, nichts kann diese Ikone des Kleiderschranks einschüchtern. Haben Sie Mut zu kräftigen und gewagten Farben, Schlangenoptik oder Leder. Das wertet ein schlichtes Kleid oder eine abgewetzte Jeans ungemein auf. Sie können sie auch zur berühmten Caprihose tragen. Diese Hose der 1960er-Jahre, die von Christophe Decarmin für Balmain entworfen und 2009 wieder aus dem Kleiderschrank hervorgekramt wurde, verleiht Ihnen zusammen mit den richtigen Sandalen den Glamour einer Audrey Hepburn in *Ein Herz und eine Krone* oder einer Brigitte Bardot in *Privatleben*. Es ist unnötig zu sagen, dass wir die Römersandale den Badelatschen vorziehen, auch in der Neuauflage von 2014.

DIE NONNEN-
SANDALEN

Die Sandale »der Guten Schwestern« hat ihre Fans, nämlich alle, die genug haben von protzigen Logos. Die Modelle, die immer noch in einigen Klöstern und Abteien in Frankreich und Navarra hergestellt werden, haben zahlreiche Designer inspiriert, die den Nonnensandalen neues Leben oder besser einen neuen Geist eingehaucht haben. Das Design und die Herstellung dieser Sandale – Symbol für die Armut der Franziskanermönche – haben sich im Laufe der Jahrhunderte kaum verändert. Solide, in naturbelassenem Leder oder braun und mit robuster Sohle verkörpert dieses Modell das Image eines Santiago-Pilgers.

Schwierig, diesen Sandalen Glamour zu verleihen, selbst mit weißen Söckchen wie Chloë Sevigny beim kalifornischen Coachella Music Festival. Es ist die spießigste Sandale schlechthin. Sie wird in den noblen Vierteln von Rive gauche in Paris oder an der Atlantikküste getragen, die so viel schicker sind als die neureiche Riviera.

DIE
BEQUEMEN

Die Französinnen, für die lange Zeit die stilvolle Erscheinung vor dem Tragekomfort kam, haben von oben herab auf diese Sandale geschaut, deren Name für sie unaussprechlich ist und deren Form an orthopädische Schuhe von deutschen und amerikanischen Touristen erinnert: die Birkenstocks. Sie wurden von demonstrierenden amerikanischen Studenten während des Vietnamkriegs getragen, und es dauerte bis in die 1990er-Jahre, bis die Französinnen sie – ohne rot zu werden – auch an ihren Füßen präsentierten. Wer hätte gedacht, dass eine so plumpe Sandale in wenigen Jahren zu dem modischen Schuh wird, der von fast allen Hollywoodstars und dem Großteil der Pariserinnen, die den Trend vorgeben, getragen wird? In Frankreich gibt es die Birkenstocks in Farben, die es sonst nirgendwo gibt. Die Marke hat sich an die modischen Anforderungen der schicken Pariserinnen angepasst. Die Französinnen tragen sie barfuß mit lackierten Nägeln in auffälligen Farben und in Kombination mit einem *sophisticated outfit*, um das Pfadfinderimage dieser Sandalen abzumildern. Im Sommer 2013 belebt die Designerin

Marina de Gaetano,
Finanzprüferin

»Meine Sandaletten
sind von Rondini. Ich
habe sie in mehreren
Farben. Ich trage
sie immer im Urlaub
mit allen Outfits und
sobald es warm wird
in Paris.«

Transparenz für
Cristal-Sandalen von Azurée,
einer französischen
Firma, die in
Cannes produziert

Phoebe Philo die Marke mit einer Version aus Nerz und erhebt die Allzwecksandale damit endgültig zum hochmodischen Accessoire. Auch J. Crew und Alexander Wang lassen sich von den Modellen dieser Marke inspirieren, die für ihren Tragekomfort und ihre Solidität bekannt sind. Selbst Garance Doré erliegt ihnen und trägt sie sogar mit Socken auf einem ihrer Instagram-Bilder! Wenn Sie flache Sandalen langweilig finden, können Sie sich auch für die von Stella McCartney designten Stiletto-Birkenstocks entscheiden. Da ist alles dran: die Korksohle, die berühmte Schnalle und noch dazu ein hoher Absatz.

DIE AUS
PLASTIK

Als Kinder haben wir in ihnen am Strand Krebse gefangen. In diesen billigen Badeschuhen aus Plastik. Das französische Modell der Marke LaMeduse entstand 1946 in Puy-de-Dôme, unter dem ursprünglichen Namen La Sarraizienne, aus flexiblem Kunststoff und mit robuster Antirutschsohle mit Noppen. Zunächst als Arbeitsschuh in Französisch-Westafrika verwendet, wurde er in den 1960er-Jahren von den Franzosen nun auch in ihrem Urlaub am Meer getragenen. Mehr als 100 Millionen Paar dieser Badesandalen wurden verkauft, um damit auf Felsen zu klettern und im heißen Sand zu laufen! 2003 kauft die Gesellschaft Humeau-Beaupréau das Patent von La Sarraizi-

Vanessa Pinoncely,
Schmuckdesignerin bei
Dear Charlotte Paris.
Hose von Zara,
Hemd von Kopples,
Tasche von Giuseppe Zanotti
Schuhe von Stella Luna

»Durch meine Arbeit bei
der Vogue Paris habe
ich gelernt, High Heels
zu tragen. Eleganz à la
française verpflichtet ...«

Sandaletten für die Stadt
von Playa

Havaianas sind besser
geeignet für den Strand!

Plateausandalen von Delage

enne und produziert seitdem unter dem Namen Meduse 500 000 Paar pro Jahr. Diese kleine Badesandale hat es auch der Prominenz auf dem roten Teppich angetan: Anne Hathaway und Elle Fanning wurden mit blassroséfarbenen Meduses an den Füßen gesehen.

Doch Spitzenreiter für Kunststoffsandalen ist die brasilianische Marke Melissa. Inspiriert von den französischen Medusen kreieren die Brasilianer 1979 das Modell Aranha, das die Welt mit Ballerinas, Sandalen oder Pumps aus recyceltem Kunststoff erobert, die von berühmten Designern wie Vivienne Westwood oder Jason Wu entworfen werden.

Der Plastikschuh ist nicht mehr nur praktisches Schuhwerk für Angestellte im Urlaub, sondern auch Luxusmarken und angesagte Labels mögen ihn: in Pastelltönen und mit Pailletten bei Topshop, mit kleinem Absatz bei Givenchy. Ipanema, eine für ihre Flip-Flops berühmte brasilianische Marke, erweitert ihre Produktpalette um jede Art von Kunststoffsandalen. Solche Schuhe sind nicht mehr nur für den Strand gedacht.

VORSICHT BEI
FLIP-FLOPS !

Wussten Sie schon? Wer zu oft Flip-Flops trägt, ruiniert seine Füße und ermüdet seinen Körper. Weil sie dem Fuß nicht ausreichend Halt geben, wird die Muskulatur überbeansprucht, was langfristig den Sehnen schlecht bekommt und die Zehen deformiert, die sich ständig anspannen müssen, um sich an den Flip-Flops festzuklammern. Auch das Fußgewölbe leidet darunter. Das ganze Fußskelett versucht, von der Ferse über den Knöchel bis hin zur Wirbelsäule die zu flache Stellung des Gewölbes auszugleichen.

Greifen Sie deshalb lieber zu denen mit einem Riemen um die Ferse, um Ihrem Fuß einen besseren Halt zu geben. Die nicht sehr eleganten Flip-Flops gehören an den Strand und nicht in die Stadt. Verboten: Badelatschen + Socken à la Mark Zuckerberg.

. . . .

Kleine Anatomiestunde

Ein Fuß besteht aus 28 Knochen, 27 Muskeln und 33 Gelenken.

WALTER STEIGER

Leiter des Hauses Walter Steiger

. . . .

Der Erfinder der ultrasexy *curved heels*, dieser wunderbar geschwungenen Absätze, bekleidet die elegantesten Frauenfüße der Welt. Doch er kann uns auch mit flachen Schuhen in seinen Bann ziehen.

»Auch wenn ich genauso gern lässige Schuhe wie supersexy Absatzschuhe mit doppeltem Plateau entwerfe, so komme ich doch zu dem Schluss, dass es mir besondere Freude bereitet, Absatzschuhe zu kreieren«, gesteht Walter Steiger. »Übrigens wurde das Modell ›Smoking‹ auf der Grundlage eines vor mehreren Jahren entworfenen Herrenschuhs aufgrund zahlreicher Anfragen auch in der Frauenversion gefertigt. Ich habe das Männermodell mit einer Gummisohle neu interpretiert. Das Modell existiert jetzt seit mehr als vier Saisons und ist immer noch unser größter Erfolg.«

Woher kommt diese Schuhsucht bei Frauen?
Der Schuh verändert den Gang, verschönert das Bein, macht es attraktiver und sexyer in den Augen der Männer. Diese Faszination macht aus dem Schuh ein unumgängliches Element der Verführung. Doch Eleganz ist nicht das, was man trägt, sondern wie man es trägt. Es ist klar, dass es noch besser ist, wenn man Absatzschuhe mit Eleganz zu tragen weiß, das gebe ich zu. Oft wird gesagt: je höher, desto sexyer. Aber auch der Gang macht einen sexy.

Wissen Sie, wie Victoria Beckham es schafft, auf ihren 12-cm-Absätzen zu laufen und sich dabei mit ihrer kleinen Tochter auf dem Arm so wohlzufühlen?
Das Geheimnis: Ihre Boots sind mit einem Fußgewölbe und einem Plateau ausgestattet, die so gut ausgearbeitet sind, dass man bequem darin den ganzen Tag laufen kann. Victoria Beckham hat sie bei Barney's gekauft und sicherlich, als sie sie trug, ihre rechte Hand damit beauftragt, uns für eine Kollektion unter Vertrag zu nehmen.

Foto: Mario Zanirato

»Eleganz ist nicht das, was man trägt, sondern wie man es trägt.«

Der berühmte *curved heel*

Sie haben einen richtigen Fanclub ...
Jedes Mal, wenn ich nach New York reise, gehe ich in meinen Laden in der Park Avenue und treffe dort regelmäßig eine meiner treuesten Kundinnen. Ich glaube, sie kauft meine Schuhe seit Anfang der 1970er-Jahre. Sie kauft immer die besten Modelle der Kollektion. Ich denke, sie kennt meine Kollektionen besser als ich selbst. Ich bin sehr stolz darauf, glauben zu können, dass ich trotz all dieser Jahre meinem Stil treu geblieben bin.

Gibt es den Schuh, der allen Frauen passt?
Ich bin versucht zu sagen: Nein, denn jede Frau ist einzigartig, hat ihren eigenen Stil, ihr eigenes Temperament, auch wenn in den letzten Jahren das Phänomen der Sneakers, die sich an jeden Fußtyp anpassen, starke Verbreitung gefunden hat.

Wie hat sich der Geschmack der Frauen in den letzten zehn, zwanzig Jahren verändert?
Das ist sehr befremdlich ... Die Mode wird immer elitärer und spezieller und parallel zu diesem Phänomen folgt man ihr immer weniger.

Gibt es den *French touch* noch? Besitzen die Französinnen einen speziellen Geschmack in Sachen Schuhe?
Ich kam zum ersten Mal nach Paris, als ich 20 war, denn für mich war Paris die Hauptstadt der Mode. Und 50 Jahre später ist Paris weiterhin der Ort für Kreativität und wird es, so hoffe ich, auch in Zukunft bleiben. Von Paris geht der Großteil der Trends aus, obwohl auch andere Städte ein großes Potenzial besitzen. Doch für mich bleibt die Pariserin der Inbegriff von Stil und Eleganz.

WIR MÖGEN

DAS VERBOTENE

· · · · · · · · · · · · · · · · ·

Es gibt diejenigen, die sie vergöttern. Und die, die so was niemals im Leben tragen würden. Und dann noch die – oft sind es die Gleichen –, die ihnen dann doch erliegen. Schuhe, an denen ein schlechter Ruf haftet, sind nicht einfach zu handhaben. Aber gerade deshalb kann man mit ihnen viel Spaß haben.

OVERKNEE-
STIEFEL

NEIN. In Overknee-Stiefeln mit Stilettoabsatz sehen Sie aus wie in einem schlechten Remake von *Pretty Woman*. Mit flachen und nach oben breiter werdenden Overknees können Sie vielleicht Robin Hood verführen oder als gestiefelter Kater zum Fasching gehen. Enge mit Textilstretchsohle machen Sie zur Bikerbraut. Und diese Stiefel sind nicht für alle Frauen geeignet. Wer Overknees tragen will, braucht dünne Beine. Bei breiten Oberschenkeln, dicken Waden und insgesamt stämmigen Beinen sollten Sie lieber Abstand davon nehmen.

JA. Schön sind sie ultrafeminin, aus weichem Leder oder Fell, die das Bein wie eine zweite Haut umschmeicheln. Die schönsten Modelle sind die immer wieder von Clergerie, Chanel, Alaïa oder Isabel Marant neu herausgebrachten Interpretationen. Die Overknees sind besser als ihr Ruf. Man sollte sie aber nur mit Zurückhaltung tragen. Auf keinen Fall über einer Hose oder mit einem Rüschenrock, sondern mit einem ein wenig streng wirkenden, gerade geschnittenen Tunikaklcid, das bis kurz über das Knie geht oder einer gut sitzenden Slim.

COWBOY
STIEFEL

NEIN. *Yee-haw!* Cowboystiefel mit 10 cm hohen Absätzen versuchen regelmäßig, unseren Schuhschrank einzunehmen. Warum auch nicht, wenn man sie schick in Szene setzt. Doch das ist leider nur selten der Fall. Wir empfehlen das Original: mit Nähten, leicht (Betonung liegt auf »leicht«)

nach oben gehenden Stiefelspitzen und einem leicht abgeschrägten Absatz. Wir raten vom kompletten Western-Look ab: Kombinieren Sie sie nicht zu Westernhemd und zu weiten, ausgewaschenen Jeans. Dann lieber im Stil von Macadam Cowgirl, kombiniert mit einem Outfit, das eher aus *Sex and the City* als aus *Spiel mir das Lied vom Tod* stammen könnte.

JA. Man findet jede Menge Modelle, die sich am Original orientieren, jedoch viel alltagstauglicher sind. Der berühmte Westernschaft wurde zur Bootversion abgewandelt, der Holzabsatz ist gerader geschnitten und die Stiefelspitze abgerundeter. Unsere Lieblingsmodelle: Mexicanas. Oder die berühmten, viele Male kopierten und nie erreichten Dickers von Isabel Marant. So überarbeitet kann man Cowboystiefel mit den verschiedensten Outfits kombinieren. Man kann sie zu etwas weiteren Jeans wie Marilyn in *Misfits* tragen. Sie verhelfen einem altmodischen, romantischen Spitzenkleid zu neuem Leben, peppen eine farbige oder bedruckte Hose auf und verleihen im Sommer einer Boyfriend-Jeans oder einem kurzen Rock einen frechen Touch.

MOONBOOTS UND
UGG BOOTS

NEIN. Moonboots kann man gern nach dem Skifahren zum Käsefondue anziehen. Aber wenn Sie diesen für extreme Minustemperaturen und Schnee konzipierten Stiefel in den Großstädten dieser Welt tragen, müssen Sie schon wirklich eine richtige Frostbeule sein oder einfach nur einfallslos. Das australische Pendant, die UGGs, die aussehen wie Astronautenschuhe, sollten Sie auch nur nach dem Surfen oder bei extrem niedrigen Temperaturen tragen. Diese Mammuttreter lassen Ihre Silhouette nur unförmig erscheinen.

JA. Wirklich nur bei extrem niedrigen Temperaturen und nach dem Surfen!

PANTOLETTEN

NEIN. Das flache Modell ähnelt den Secondhandpantoffeln einer Putzfrau. Das hohe Modell rutscht schnell ins Rotlichtmilieu ab. Mit den Pantoletten ist es nicht einfach. Sie müssen immer wie nagelneu aussehen. Nichts ist schlimmer bei diesem Schuhmodell als in den Himmel ragende Schuhspitzen und abgetretenen Absätze.

JA. Pantoletten im Stil der Pin-up-Girls der 1960er-Jahre. Im Retro-Look sieht man mit ihnen gepflegt gekleidet aus: knielanger Bleistiftrock + enger Pulli à la Dita von Teese oder enge 7/8-Hose + taillierte Bluse à la *Mad Men*. Und immer schön kleinen, entschiedenen Schrittes laufen.

Flache silberne
Pantoletten

Clarisse Virot, Designerin.
Jeanslatzhose von H&M,
Hemd und Jacke von Isabel
Marant, Boots von Laurence
Dacade und Schmuck von Luj

»Ich liebe es, zu
mixen und ändere
schnell meinen Look,
doch bleibe im Großen
und Ganzen natürlich,
nicht zu sophisticated,
aber trotzdem immer
ein wenig feminin.«

»Mir fällt es sehr schwer,
mich von meinen
Lieblingsschuhen
zu trennen. Ein Paar
Overknee-Stiefel kann
ich zehn Jahre lang
behalten, auch wenn sie
komplett aus der Mode
sind. Es ist eine Leiden-
schaft. Ich sage mir
immer, dass es jederzeit
ein ›Revival‹ geben kann.«

Vanessa in Pulli von Et Vous,
Jeans von 7 For all mankind, Overknees von Chloé, Tasche von Lavin

SABOTS UND
CLOGS

NEIN. Macht die Sohle nicht *klog-klog* beim Gehen, wissen Sie, dass Sie ein Plastikmodell geerbt haben. Achtung also vor dieser Fashion-Sünde, es sei denn, Ihr Beruf lässt es nicht anders zu (medizinischer Bereich, Gastronomie).

JA. Sabots und Clogs dulden nur eine Sohle: die aus Holz. Je nach ihrer Form erwecken sie Fantasien von Krankenschwestern, Geishas oder Heidi von der Alm. Wir mögen sie alle. Trotz ihres Gewichts und ihrer Unflexibilität sind diese Holzpantoffeln äußerst bequem und man kann den ganzen Tag in ihnen laufen. Eleganter als man denkt, passen sie perfekt zu einem Kleid, einem Rock, hochgekrempelten Chinos, einer 7/8-Hose … Auch im Winter kann man sie – wenn es nicht regnet – mit Wollsocken und -strumpfhosen tragen. Unsere Favoriten sind die von Swedish Hasbeens und Kerstin Adolphson.

WEDGES

NEIN. In der Plateauversion beamen Sie sich zurück in die 1970er-Jahre. Fehlt nur noch die Schlaghose! Im falschen Jahrzehnt sind Sie auch gelandet, wenn Sie Turnschuhe mit erhöhter Sohle à la Spice Girls lieben. Das war vor mehr als zehn Jahren modern. Willkommen im 21. Jahrhundert! Auch Pumps mit Keilabsätzen können omihaft erscheinen.

JA. Keilabsätze verleihen dem Schuh mehr Höhe und Stabilität. Stiefel, Stiefeletten oder Sandalen. Bei allen ist es erlaubt, Hauptsache, die Modelle verkörpern Leichtigkeit und Raffinesse.

MICHEL VIVIEN

Shoe Artist

. . . .

Als großer Liebhaber der Bildhauerei entwarf Michel Vivien bereits mit 20 Jahren eher aus Zufall seine ersten Frauenschuh-modelle. Nachdem er mit zahlreichen schönen Labels wie Lanvin, Carel, Charles Jourdan zusammengearbeitet hatte, gründete er 1998 seine eigene Marke. Unabhängig und frei verbindet er zeitgenössische Kühnheit mit der Liebe zum Handwerk.

Welche Art von Designer sind Sie?
Ich entwerfe meine Kollektionen, ohne auf die aktuellen Trends zu ach-ten. Ich sehe meine Rolle darin, die Frau beim Laufen zu begleiten, indem ich Eleganz, Schuhwerk, Schuhwöl-bung, aber auch ästhetische Strenge und kreative Spontaneität miteinan-der verbinde. Mein Ziel ist es, zeitlose und sinnliche Modelle zu schaffen, die unabhängig von der Saison sind. Zum Beispiel die Boots Karluz: Es gibt sie seit sieben Jahren und mit ihrem 9 cm hohen Absatz sie sind eine wahre Waffe der Verführung!

Warum bringen einen Absätze zum Träumen?
Als Objekt der Begierde kleidet der Schuh die Füße der Frauen und verkörpert ihren Wunsch nach Schönheit.

Absätze, diese wenigen Zentime-ter, die die Frau vom Boden trennen und ihre Silhouette bestimmen, las-sen die Schultern anders nach hinten fallen. Die Silhouette streckt sich und der Körper wird gerader. Die Trägerin muss sich dadurch mehr wölben, ihr Becken nach vorne schieben und die Wadenmuskeln anspannen. Diese klei-ne Anspannung der Wade ist sexy. Der Fuß verkörpert enorm viel Erotik. Es ist noch nicht so lange her, dass die Frau-en ihre Knöchel nicht zeigen durften. Es regt die männlichen Fantasien an. In hohen Absätzen geht eine Frau ganz anders. Ihr Gang ist langsamer, ihr Körper wiegt hin und her. High Heels sind ein Trend, der erst vor Kur-zem aufkam. Auch wenn ich Absätze mache, die mehr als 10 cm hoch sind, achte ich darauf, dass das Schuh-gelenk eine gewisse Höhe nicht

Foto DR

gibt es die gleichen Läden mit den gleichen Marken, die ihre Produkte in tausendfacher Auflage verkaufen.

Sie haben eine Sonderstellung unter den Designern von Frauenschuhen. Was schätzen die Frauen am meisten an Ihren Kreationen: die Linie oder den Komfort?

»Komfort« sollte der Schlüsselbegriff für unseren Beruf sein. Doch dieser Begriff ist nicht mehr in Mode. Wenn ich jedoch ein Frauenfuß wäre, würde ich darauf sehr viel Wert legen. Was macht den Tragekomfort eines Schuhs aus? Die Passform, das Schuhgelenk und die Gründlichkeit, mit der der Schuh entworfen wurde. Geschichtlich gesehen laufen wir erst seit Kurzem auf hartem Untergrund. Bürgersteig und Asphalt sind sehr schlecht für unsere Füße und unseren Rücken, denn unsere Schuhe sind nicht gedämpft. Die Stöße sind katastrophal für unseren Körper. Die Sohlen sind sehr dünn geworden im Vergleich zu den 3 cm hohen Holzpantoffeln, in denen die meisten Leute früher herumliefen. Der Boden ist eine neue, wichtige Konstante bei der Schuhherstellung geworden, denn in der Natur gibt es keinen vollkommen harten Untergrund.

überschreitet, sonst wirkt der Gang roboterartig und ungraziös.

Was ist wirklicher Luxus für Sie?

Das Wort »Luxus« muss neu definiert werden und ist vor allem Synonym für Seltenheit und Besonderheit. Er überwindet Trends und beschreibt eine Eleganz, die man wie ein Kunstwerk wertschätzt.

Luxus ist für mich auch eine Investition an Zeit, Stunden minuziöser und leidenschaftlicher Arbeit. Das traditionelle Können geht verloren. Im letzten Jahrhundert wurde ein Arbeiter in drei Jahren ausgebildet. Heutzutage denkt man, es reichen drei Monate dafür. Die Rückkehr des Luxus ist die Rückkehr von Qualität und Können. Heute gibt es den Luxus der Seltenheit nicht mehr. Schauen Sie doch nur die Flughäfen an. In jeder Stadt, in jedem Land

Die ideale Frau für Michel Vivien?

Ist Pariserin: Sie besitzt Persönlichkeit, Temperament und eine einfache Eleganz. Sie drückt ihre Weiblichkeit in unendlicher Natürlichkeit aus. Und ich hoffe, dass ich ein gutes Händchen dafür habe, sowohl Mutter als auch Tochter zu verführen.

STIEFEL FÜR JEDEN
ANLASS

. . . .

Für Frauen war er bis zur Französischen Revolution verboten: der Stiefel. Das rächt sich nun, denn heutzutage ist er zu einem der sexysten und verführerischsten Accessoires im Kleiderschrank der Frauen geworden.

Früher waren Stiefel Soldaten und Reitern vorbehalten. Erst in den 1960er-Jahren paaren sie sich mit dem neu aufgekommenem Minirock und werden zum Symbol für Freiheit und Frauenpower. Twiggy, Emma Peale und Barbarella verkörpern mit ihnen eine verführerische und starke Weiblichkeit. »Jusques en haut des cuisses / Elle est bottée / Et c'est comme un calice / À sa beauté« (»Mit ihren Stiefeln bis zu den Oberschenkeln ist das wie ein Kelch ihrer Schönheit«), singt Serge Gainsbourg als Hommage an die unvergessliche Bardot in Overknees.

Der von Hermès unsterblich gemachte Stiefel hat auch heute noch großen Erfolg und wird nicht mehr nur in Pferdeställen getragen. Ausgestattet mit einem mehr oder weniger hohen Absatz zieren Stiefel, Boots und Stiefeletten heutzutage in Schule und Büro, bei Abendessen und Cocktails, die ganze Woche lang, von morgens bis abends und abends bis morgens, bei Wind und Wetter unsere Füße. Aus Leder, Spitze oder Gummi … Sie sind der Hit. Mit Kleid, Rock, Shorts oder Hose, sommers wie winters, wir vergöttern sie.

. . . .

Welcher Stiefel soll es sein?

Warum sich mit nur einem Paar zufriedengeben? Wenn wir uns jedoch für einen entscheiden müssten, dann für La Camarguaise, der schön gerade geschnitten ist. Stiefel sollten sowohl unter eine Hose passen als auch ein biederes Sommerkleidchen aufpeppen oder einen sehr kurzen Minirock salonfähig machen können. Der zeitlose Bikerstiefel hat die Gabe, jeden Look lässig wirken zu lassen. Andere mögen lieber den klassischen und diskreten Reitstiefel oder setzen auf schwarze Stiefel mit Absätzen à la *executive woman*, um sich in allen Lebenslagen behaupten zu können. Und träumen wir nicht alle von diesen *fucking high-heel-boots* in feinem Lammleder, das sich wie eine zweite Haut um die Wade schmiegt?

UGG-Gummischnürstiefel

»In Paris habe ich gelernt, wie wichtig Accessoires sind. Ein Paar origineller Schuhe können einen Basic Look (weißes T-Shirt + Skinny Jeans / schwarze Leggings) in ein elegantes Outfit verwandeln.«

Cissy (xiyin) Chen,
VIP Client Relation Manager.
Schuhe von Sergio Rossi
in limitierter Auflage
Herbst-/Winterkollektion 2013/14

Marina in
Lederjacke von
Barbara Bui und
Bikerstiefeln von
Free Lance

»Ob Bikerbraut,
weiblich, rockiger
oder mit weißem
Hosenanzug –
ich kann alles zu
meinen 10-cm-
Absätzen tragen.«

DIE FRENCHIES – LA
CAMARGUAISE

Die französischen Cowboystiefel der Marke La Botte Gardiane, die es schon seit den 1950er-Jahren gibt, wurden von der Familie Agulhon 1995 wiederbelebt. Drei Geschwister haben die traditionellen Modelle dieses Stiefels der Cowboys aus der Camargue im Süden Frankreichs modernisiert, blieben aber den traditionellen Techniken und dem Herstellungsstandort Frankreich treu. Die Japaner, Trendsetter in Sachen Mode, und die angesagtesten Läden in Frankreich lieben sie.

AIGLE-
STIEFEL

Diese französische Marke wurde von dem in Frankreich lebenden Amerikaner Hiram Hutchinson gegründet. Der Name »Aigle«, zu Deutsch Adler, ist eine Hommage an das Staatswappen der Vereinigten Staaten. Zunächst wurde der berühmte Stiefel nur zum Sport und in der Freizeit getragen, doch mittlerweile auch im schicken Paris und nicht mehr nur an Kinderfüßen. Oft sieht man modebewusste Frau-

en mit farbigen Gummistiefeln an den Füßen und einer trendigen Handtasche am Arm durch die Stadt spazieren.

UGGS – DER AUSTRALISCHE
WAHNSINN

Erfunden hat diese Astronautenschuhe Shane Stedman, um die Füße der Surfer nach dem Sport aufzuwärmen. Doch schon bald wurden sie auch die Lieblinge der nicht surfenden Hollywoodstars und damit der jungen Frauen in der ganzen Welt. Ihr Erfolg führt zu der philosophischen Frage: »Darf die Bequemlichkeit Vorrang vor dem ästhetischen Aspekt haben?«
Wenn Sie diesen Fell-Look mögen, dann greifen Sie zum Original und versuchen Sie, ihn bitte nicht mit Solariumbräune, glossigen Lippen, Glitzernagellack oder einer zerrissenen Jeans zu kombinieren. Entscheiden Sie sich lieber für den *healthy look* und die kalifornische Beach-Boys-Version: natürlich von der Sonne gebleichtes Haar, ausgefranste Jeansshorts, sportlich gebräunte Beine. Für uns sind die klassischen UGGs aber weiterhin nichts für das städtische Nachtleben.

Stiefel mit
nackten Beinen?

Seitdem Kate Moss uns gezeigt hat, wie cool es ist, in Shorts und Gummistiefeln durch den Schlamm beim Glastonbury Festival zu waten, trauen wir uns auch, sie ohne Strumpfhosen zu tragen. Ja, es ist möglich. Aber auf lässige Art: Camarguaises + Shorts anstatt gerade geschnittener Kostümrock + Bürostiefel.

Boots von Heimstone

DEN RICHTIGEN STIEFEL
FINDEN

In unseren Breitengraden tragen wir Stiefel und Boots mehrere Monate lang und ihr Kauf ist meistens eine größere und wichtige Investition.

Erstes Gebot: Du sollst auf Qualität achten. Vergessen Sie krustiges Leder, Kunstleder, Stretchstoff in Wildlederoptik und hässliches Kunstpelzfutter. Entscheiden Sie sich für Wildleder oder Ledersaum.

Wer ja sagt zu Qualität, bekommt Komfort und Dauerhaftigkeit.

Zweites Gebot: Du sollst die richtige Größe wählen. Gerade bei Stiefeln ist es besonders wichtig, dass sie richtig passen. Sie werden sich nicht »schon einlaufen«. Probieren Sie sie am besten nachmittags oder abends im Schuhgeschäft an. Denn nach einem ganzen Tag auf den Beinen schwillt Ihr Fuß leicht an und Sie laufen nicht Gefahr, Ihre Stiefel zu klein zu kaufen.

»Schon bevor ich den Schuhdesigner Philippe Zorzetto kennengelernt habe, trug ich Boots von Camarguaises bis zu den klassischen Church's. Heute, wo ich seine Muse bin, habe ich davon mehr als genug, aber kann ihnen trotzdem nicht widerstehen.«

Aurore Imbert,
Sängerin der Band Dawn.
Hut von Monoprix, maßgefertigter
Vintage-Mantel, auf dem Flohmarkt
gekauftes Kleid, Tasche von
Comtoir des Cotonniers, Boots
von Philippe Zorzetto

Boots von Laurence Dacade.
»Das gleiche Modell in verschiedenen Versionen:
in Wildleder für den Alltag, mit Nieten,
rockiger für den Abend.« Clarisse Virot

Unsere Favoriten in Sachen Komfort und Qualität: La Botte Gardiane, Sartore, Free Lance, Mexicana, Chie Mihara, Frye, Laurence Dacade ...

Materialmix:
Strumpfhose von Dim,
Boots von La Botte
Gardiane, Satinrock

Stiefel oder Stiefeletten?

Zeigen Sie immer ein bisschen Haut, um Ihre Silhouette zu strecken. Vermeiden Sie es, einen Stiefel anzuziehen, der bis zu einem knielangen, geraden Rock reicht. Entscheiden Sie sich dann lieber für modernere Stiefeletten.

➤ **Wenn Sie klein sind,** sollten Sie sich keine Stiefel aussuchen, die bis über die Wade reichen. Das verkürzt Ihre Silhouette. Ziehen Sie lieber solche an, die bis zur Mitte der Wade gehen, mit einem mittelhohen Absatz, oder Stiefeletten.

➤ **Wenn Sie kräftige Waden haben,** vergessen Sie ganz schnell Stretchstiefel, die Ihr Bein komprimieren. Selbst wenn Sie es schaffen, hineinzukommen, lässt das Ihr Bein nicht dünner wirken. Entscheiden Sie sich lieber für leicht ausgestellte Stiefel aus weichem, flexiblem Leder oder Nubuk. Wenn Sie dickere Fesseln haben, sollten Sie Stiefeletten vermeiden, die nur bis zum Knöchel gehen.

➤ **Wenn Sie sehr dünne Waden haben,** entscheiden Sie sich nicht für Stiefel mit im Vergleich zu Ihrer Wade überproportional ausgearbeiteter Wadenwölbung. Nehmen Sie lieber hohe, gerade Stiefel. Und wenn Sie nicht zu klein sind, können Sie es auch wagen, Overknee-Stiefel oder Low Boots zu tragen.

ANTOINE AGULHON

Hersteller der Camarguaises

. . . .

Hinter der Marke Botte Gardiane steht ein typischer französischer Schuhhersteller, der seit 1958 existiert. 1995 von Antoine Agulhon und seinen Geschwistern übernommen, ist er zu einem Familienunternehmen geworden.

Warum haben Sie sich entschieden, in Frankreich zu produzieren?

Weil wir die Produktion kontrollieren können und das ein Garant für Qualität ist. Alles wird hier in unserem Atelier gemacht: der Schnitt, die Zusammensetzung und Verarbeitung. Das ist teurer, aber die Fristen sind kürzer und wir bleiben handlungsfähiger, als wenn wir Zulieferer hätten. Somit können wir in kleinerer Auflage produzieren. Der Zuschnitt, ein Schlüsselposten in der Herstellung, hat unsere vollste Aufmerksamkeit. Das wäre nicht so, wenn wir nicht in Frankreich produzieren würden. Meine Angestellten werden nicht nach Quantität bezahlt wie in den meisten Ländern. Wir legen Wert auf Qualität und aufgewendete Zeit. Ich hatte die Gelegenheit, Werke zu besuchen, in denen die Arbeiter nach Leistung bezahlt werden. Das ändert die gesamte Arbeitsmoral.

Was entgegnen Sie den Leuten, die sagen, dass das zu teuer ist?

Wir verwenden vollnarbiges Leder, das feiner bearbeitet werden kann. Für das Futter benutzen wir Kalbsleder, das robuster als Schweinsleder, aber auch doppelt so teuer ist. Nachdem man ein Paar Schuhe ein ganzes Jahr getragen hat, sieht man den Unterschied. Für unsere Camarguaises verwenden wir ein dickeres und solideres Leder, das aber schwerer zu bearbeiten ist. Man kann sagen, dass 95 % der Hersteller dünnes Leder benutzen, das sie mit Schweinsleder füttern. Doch zwei dünne Lederschichten sind nicht so robust wie eine schöne dicke Lederschicht. Diese Qualität kommt gut an und wir exportieren weltweit. Wir richten uns an ein anspruchsvolles Klientel, das das Know-how *made in France* und unsere Eigenständigkeit durch unsere eigenen Schuhfabriken zu schätzen weiß. Wir produzieren zu 100 % in unserem Werk in Villetelle. Wir bilden unsere Arbeiter auch aus. Leute, die Schuhe machen können, sind selten geworden.

ANNE TOURNEUX

TV-Stylistin

. . . .

»Schuhe, die man einfach haben muss: schwarze, klassische Pumps mit einem schönen Schnitt. Mit den großen Marken wie Jimmy Choo, Prada oder Yves Saint Laurent können Sie nichts falsch machen. Sie begleiten Sie über Jahre zu allen Anlässen, mit einem schönen Blazer und guten Jeans.«

Welche Schuhe tragen Sie am meisten?

Im Alltag sind das mit Abstand Boots. Ich mag es, dass der Schuh meinen Komfort und meinen Stil nicht beeinträchtigt. Ich bin Fan der Rockboots von agnès b., ein Basic ihrer Kollektionen, die ich in allen Farben kaufen könnte. Abends und zu besonderen Anlässen trage ich gerne schwarze Pumps: die aus Schlangenhaut von Prada, so klassisch und elegant. Wenn ich könnte, würde ich immer Absätze tragen. Das ist einfach ein unvergleichliches Gefühl. Man fühlt sich weiblicher und selbstbewusster.

Wie sehr sind Sie in der Lage, für Schuhe zu leiden?

Früher viel. Ich habe sehr schmerzhafte Erfahrungen gemacht. Das ist jetzt vorbei. Ich kaufe mir jetzt sogar Schuhe eine Nummer größer, um eine Sohle oder bequeme Einlagen hineinzutun.

Sohlen, Halbsohlen aus *Red-carpet-*Leder, Einlagen aus Silikon, ich habe eine ganze Kiste voll mit diesen Pölsterchen für den Komfort.

Ich habe einen Job, in dem ich sehr viel laufen muss. Da geht es nicht anders. Manchmal stört mich das, aber es gibt nichts Schlimmeres, als wenn einem die Schuhe den ganzen Tag drücken. Man verliert seine Eleganz und Mobilität und das ist undenkbar für mich. Doch am Abend oder wenn es auch tagsüber möglich ist, bereitet es mir wahres Vergnügen, mich zu »erhöhen«. Ich würde sogar sagen, Absätze zu tragen verzehnfacht mein Vergnügen.

Haben Sie »genug« Schuhe?

Wahre Liebe kennt keine Grenzen! Der Schuh ist bei einigen zu einer Kunstperformance geworden und es ist ein wahrer Genuss, ihre Kreationen zu entdecken. Doch ich warte ab und kann

Anne in Hemd von Zadig & Voltaire,
Rock von Acne, Schuhe von
agnès b., Armband von Chan Luu,
Kette und Ohrringe von Vanrycke

bequem sind und den Fuß nicht
atmen lassen.

Allerdings habe ich mir zum ersten
Mal Kitten Heels aus Satin von Zara
gekauft. Die waren so begehrenswert
mit ihrem Miniabsatz. Das Innere des
Schuhs ist aus Leder und ich habe
alles mit meinen Silikoneinlagen aus-
gepolstert. Ich weiß, dass mir meine
Füße wegen des kleinen Absatzes darin wehtun werden. Doch wenn man
sich für eine Form begeistert, ist man
fähig, über alles hinwegzusehen.
Einen schönen Schuh erkennt man
an seiner Qualität, den Materialien
(Innenleder, Sohle aus Leder, Aus-
kleidung …) und der Raffinesse seiner
Form, seiner Verarbeitung und seiner
Wölbung. Diese Alchemie findet sich
besonders bei den Designern und hat
natürlich ihren Preis.

Schlechter Geschmack – gibt es das?

Ja, es gibt schlechten Geschmack: Sehr
hohe Schuhe in minderer Qualität. Das
zerstört jeden Schick. Ich entscheide
mich lieber für ein Paar schöne Schuhe
als für fünf Paar Schuhe aus Kunstleder.

Was war Ihr größter Fehler?

Ich gestehe meine zahlreichen Expe-
rimente bezüglich des Materials. Ich
hatte eine ausgedehnte Phase mit
experimentellen Schuhen. Es war wie
eine Performance für mich: Tabi Boots
von Margiela, Boots aus Pflanzenleder
und Metallabsätze von Stella McCartney, Spikes von Louboutin. Je ausge-
fallener, desto besser fand ich sie.

mir somit *das* Paar Schuhe kaufen, das
ich sicher aufbewahre. In meinem Flur
habe ich Safes eingebaut, in denen ich
sie verwahre. Oft hole ich ein Modell
heraus und stelle es in meiner Woh-
nung auf, damit ich es ansehen kann.

Was sind Ihre Kriterien beim Schuhkauf?

Um sich nicht zu verlieren, sollte man
sich überlegen, für was man sich die
Schuhe kauft. Es ist bei Schuhen wie
mit anderen Kleidungsstücken. Man
braucht die Basics (schwarze Pumps,
Boots, Sandalen, Abendschuhe …) und
die persönlichen Verrücktheiten, um
seine Silhouette aufzupeppen (Farbe,
Absätze, Formen).
Doch Schuhe ohne Ledersohle
(Außen- wie Innensohle) kann ich
nicht kaufen. Ich weiß, dass sie nicht

NICHT OHNE MEINE
PUMPS!
DOCH WELCHE?

. . . .

Was würden wir ohne sie tun? Unsere treuen Begleiter bei Konferenzen, Partys, Geschäftsessen oder spontanen Einladungen. Sie retten uns an Tagen modischer Lustlosigkeit, an denen wir nicht wissen, was wir anziehen sollen. Sie verleihen dem eintönigen Duo Slim und Hemd Glamour und würzen Baggy Pants mit einer Prise Weiblichkeit. Wählen Sie das passende Modell mit Bedacht!

Heute fester Bestandteil des Kleiderschranks einer jeden Frau, sind sie die Vorfahren aller unserer Schuhe. Abgeleitet von einem Männerschuh wurden sie Mitte des 18. Jahrhunderts auch von Frauen entdeckt. Ein französischer Adliger, Alfred Gabriel, Graf von Orsay, verleiht ihnen um 1830 ihre charakteristische Form, die alle Revolutionen, Moden, Launen und Epochen unbeschadet übersteht.

Man trägt sie mal mehr, mal weniger ausgeschnitten, mit höherem oder niedrigerem Absatz, aus Leder, Fischleder, Seide oder Satin, zweifarbig, spitz, mit eckiger Schuhspitze, verziert mit Schmucksteinen oder schlicht …

DIE RICHTIGE
WAHL?

Wir mögen sie vorne leicht spitz zulaufend. Aber nicht zu viel. Die Zeiten der Schnabelschuhe sind vorbei.

Wir mögen sie hoch, also nicht so »zusammengedrückt«. Die richtige Höhe? Die, in der Sie gut laufen können: 6 oder 12 cm – Sie müssen entscheiden, wie sehr Sie herausstechen wollen.

Wir mögen sie weit ausgeschnitten. Sehr weit ausgeschnitten. Bei einem schmalen Fuß die beste Wahl.

Wir mögen sie schlicht und elegant (Gabrielle 2 von Charles Jourdan), mit Plateau (Sledge von L. K. Bennett), golden (Katar von Patricia Blanchet), mit sinnlichen Kurven (Titine von Fred Marzo), in rotem Lack (Amélie von François Najar), zusammen mit einem Kleid mit Schildpattmuster und mit offener Spitze (Eva von François Najar), aus Kork (Audrey von Amélie Pichard), zweifarbig (Marisa von Atelier Mercadal) oder in Schlangenoptik (Prairies von Paris), mit Pop-Art-Motiv (Fibule von Jancovek), mit der englischen Flagge (Duranduran von Annabel Winship) oder mit Sternchen (Nadine von Annabel Winship) … Sicher können Sie diese Liste noch ergänzen.

Marie-Laure und Ines Mercadal,
Schuhdesignerinnen,
immer zauberhaft!
Die einen Schuhe von
Atelier Mercadal, die anderen
von Mercadal Vintage

»Ich wechsle meine Schuhe je nach Tageszeit. Manche Frauen wechseln ihre Schuhe mehrmals am Tag. Ich wechsle meine Schuhe und mein Look ändert sich.«

Anne-Sophie in Pullover
von Loro Piana, Rock von Zara,
Strumpfhose von Le Bouget,
Schuhe von Roger Vivier,
Hut von Maison Michel,
Armband von Love von Cartier

Schlangenpumps von
Salvatore Ferragamo

SIND SCHWARZE
PUMPS EIN MUSS?

Man will uns glauben machen, dass es
zum guten Ton gehört, neben dem obli-
gatorischen kleinen Schwarzen ein Paar
schwarze Pumps zu besitzen. Doch dieser
große Klassiker ist nicht jedermanns Sache. Einige Frauen bevorzugen Männerschuhe, Slippers oder rote Lackpumps.
Auch wenn schwarze Pumps sich ohne
mit der Wimper zu zucken dem Bürodress
oder dem schicken Abendoutfit fügen, so
fehlt es ihnen doch manchmal ein wenig
an Dynamik und Fröhlichkeit. Insbesondere, wenn man sie an Füßen trägt, die
lange keine Sonne gesehen haben. Nicht
so streng ist die schwarze Wildleder-
version der Poppies von Isabel Marant –
Symbol des schlichten Pariser Schicks.

Haben Sie Mut zu Farbe und verschiedenen Materialien oder kombinieren Sie
beides. Wenn Sie ein Print-Outfit tragen,
kombinieren Sie es mit Farben, die darin vorkommen. Setzen Sie auf Kontraste,
Komplementärfarben, die sich gegensei-
tig zur Geltung bringen, wie zum Beispiel ein kräftiges Blau mit einem schönen
orangefarbenen Kleidungsstück.
Wenn Sie auf schwarze Pumps bestehen,
dann wählen Sie ein schönes Leder oder
hochwertige Materialien, einen guten
Hersteller, eine schöne Linie. Am Abend
sollten Sie keine niedrigen und eckigen
Absätze tragen. Das lässt den Fuß klobig
erscheinen. Auch zu wenig ausgeschnittene Pumps wirken omahaft. Dazu eine
Feinstrumpfhose (20 DEN), mit Spitze,
Federstickerei oder einer schönen Naht.

PUMPS MIT SÖCKCHEN –
GEHT DAS?

Das ist Geschmackssache. Es gibt Fans
in allen Altersgruppen und absolute Geg-
ner. Das Duo Pumps und Söckchen setzt
ein klares Statement. Deshalb eckt es oft
an. Pumps mit halbhohen, transparenten
Strümpfen sind ein Trauerspiel, doch bei
»wirklichen« Söckchen lacht einem das
Herz. Haben Sie Angst, wie ein Clown
auszusehen? Dann stimmen Sie die Farbe
Ihrer Söckchen mit der Ihrer Pumps und
Ihrer restlichen Kleidung ab. Zum Beispiel: bordeauxfarbene Pumps + bordeauxfarbene Strümpfe + graue Hose; rote
Pumps + marinefarbene Strümpfe + mari-
nefarbenes Kleid.

Dominique in Hose von Pimko,
Pullover von & Other Stories,
Schuhe von Sergio Rossi

»Beim Kauf meiner Schuhe irre ich mich selten. Es ist oft Liebe auf den ersten Blick und es ist besser, Reue zu zeigen als Dinge zu bedauern ...«

Sylvia Toledano, Schmuckdesignerin, in Rockstuds in beiger Schlangenoptik von Valentino

Pumps von Rupert Sanderson

IN PUMPS DEN GANZEN TAG
HALTUNG BEWAHREN

Das Problem – wenn es eins gibt – ist ein sehr individuelles. Anspruchslose Füße finden sich mit allen Absätzen und Schuhspitzen ohne Murren ab. Doch andere reagieren sehr empfindlich auf Reibung und Erwärmung und müssen mehrmals am Tag frische Luft schnappen, was nicht immer möglich ist. Wenn man »gezwungen« ist, auf der Arbeit elegante Schuhe zu tragen, legt man Wert auf die Qualität des Schuhs. Das ist offensichtlich. Doch der Komfort ist nicht immer abhängig von der Höhe der Absätze, sondern von Schuhgelenk und -breite sowie Flexibilität des Leders. Wenn es Ihnen nicht möglich ist, Ihren Füßen eine kleine Pause zu gönnen, dann stecken Sie einfach ein Paar zusammenfaltbare Ballerinas in Ihre Handtasche. Dafür sind sie da.

. . . .

Ein Trick, um die Füße vor Reibung zu schützen:
Cremen Sie sie mit einem Anti-Blasen-Gel (Akileine, Scholl) ein oder kleben Sie ein Pflaster an die strategisch wichtigen Stellen im Schuh.

© Christophe Busse

Luxusschuhe von Delage

Keep it small, das ist der Wunsch der amerikanischen Kundinnen, die diese hochwertige, typisch französische Marke, die 1991 von Barbara Wirth und Primrose Bordier – bekannt für ihren Wagemut in Sachen Farbe – gegründet wurde, ganz für sich behalten wollen.

Leguan, Strauß, Schildpattmuster, Schlangen- und Krokodiloptik ... Delage kann Ihren Traumschuh in drei oder vier Wochen fertigen. »Eine unserer Stammkundinnen wohnt auf den Bahamas und bestellt regelmäßig ihr Lieblingsmodell in mehr als 50 verschiedenen Ausführungen bezüglich Material und Farben«, vertraut uns Véronique Leremboure, Leiterin des Geschäftes im Palais-Royal an.

Diese in der Bretagne hergestellte Marke richtet sich an eine treue Stammkundschaft, die Qualität schätzt und keine grellen, weithin erkennbaren Logos braucht.

Isabelle Oziol de Pignol,
Illustratorin und Bloggerin
»Accro de la Mode«.
Hose von Maje,
Mantel von Marni, Pumps von
rada, Tasche von Golden Goose

»Meine ersten
Schuhe? Blaue
Walter Steiger Klein
mit 17 Jahren. Mein
ganzes Taschengeld
ging dafür drauf.
Meine Freundinnen
hielten mich für
verrückt … Ich habe
sie immer noch!«

Schuh-Selfies

Emmanuelle Seigner

»Diese Schuhe hat mir Tom Ford
geschenkt, als er bei Yves Saint
Laurent war. Sie erinnern mich an den
Roman und den Erfolg des Films *Der
Pianist*. Ich habe sie unter anderem
zur César-Verleihung getragen.«

Marianne Faithfull

»Sie sind elegant, stehen mit
mir auf der Bühne und ich trage
sie als Hommage an den Film
Die roten Schuhe von Michael
Powel.«

Juliette Swildens

»Ich mag es, einzigartige Dinge zu haben. Derbies sind unverwüstlich, schick, männlich und weiblich. Es sind die Schuhe, die mir am meisten ähneln. Diese hier sind ein Modell einer Swildens-Kollektion in Schlangenleder. Ein Unikat. Ich mag die Idee, die einzige Person zu sein, die sie hat. Deshalb habe ich auch viele Vintage-Sachen. Zudem habe ich das Glück, die Prototypen von Schuhen tragen zu dürfen, bevor sie produziert werden.«

Helena Noguerra

»Meine Pumps von Dries Van Noten. Sie wurden mir von dem Mann, den ich liebe, geschenkt. Ich fühle mich in ihnen wie Cinderella. Endlich habe ich einen Schuh gefunden, der zu meinem Fuß passt.«

Schuh-Selfies

Virginie Ledoyen

»Sie sind ein Geschenk von Prada und ich liebe sie seit Jahren. Sie passen zu allem und ich fühle mich wohl in ihnen.«

Pailletten-Derbies von Joséphine Draï

»Von diesen Schuhen kann ich mich einfach nicht trennen. Ich habe sie in NY in einem Billigladen gekauft. Sie erinnern mich so sehr an Michael Jackson während seiner Billie-Jean-Zeit, dass ich mich, selbst wenn sie total auseinanderfallen (abgeklebte Sohle, mit Alleskleber zusammengeklebte Ränder), super gestylt fühle, wenn ich sie an den Füßen trage.«

Inès de La Fressange

»Je mehr Dinge man besitzt, desto mehr drängt sich einem die Frage auf, was eigentlich wichtig ist.

In der Theorie wünscht man sich:
– etwas Anspruchsvolles,
– etwas Klassisches,
– etwas dennoch nicht zu Düsteres,
– etwas, das zu allem passt,
– etwas, das man Tag und Nacht tragen kann,
– etwas Elegantes, aber Rockiges,
– etwas Bequemes.

Und das alles bitte in einem Produkt vereint!

Meine kleinen Pantoffeln – gut, es ist schicker, sie meine Marechal Slippers zu nennen – besitzen all diese Qualitäten. Sie scheinen *vintaged*, erinnern mich an die Hausschuhe englischer Lords und sind dennoch sehr modern. Zu meiner ›Uniform‹ (blaue Marinejacke und weiße Jeans) passen sie makellos und machen meinen Alltagslook kleidsam.

Ich weiß, dass sie immer schön bleiben werden und das kommt bei Damenschuhen selten vor.«

Lou Doillons Schnürstiefel von Yves Saint Laurent

Mit freundlicher Genehmigung von Lou Douillon

Wenn man dem Instagram-Profil von Lou Doillon glaubt, so bringt sie für ihre Schnürstiefel der ersten Kollektion von Saint Laurent Paris, von Heidi Slimane, eine bedingungslose Liebe auf, so oft wie sie sie fotografiert, zeichnet, hätschelt. Klassisch, androgyn und zeitlos sind diese Militärstiefel *made in Italy* bereits jetzt eine Ikone.

PHILIPPE ATIENZA

Leiter des Hauses Massaro

. . . .

»Frauen sind nicht unbedingt einem Hersteller treu, sondern haben mehrere, denen sie treu sind«, erklärt uns Philippe Atienza, Leiter des berühmten 1894 gegründeten Couture-Schuhhauses Massaro in der Rue de la Paix in Paris. Das 2002 von Chanel aufgekaufte Schuhhaus arbeitet weiterhin mit den großen Couturiers zusammen und fertigt elegante Schuhe, so schön wie Schmuckstücke.

Wie sind Sie Schuhmacher geworden?
Das war ein bisschen per Zufall. Vor allem weil ich Reitsport machte und einen Beruf haben wollte, der mit dieser Leidenschaft etwas zu tun hatte. Ausgangspunkt war der Reitstiefel. Mit 16 Jahren begann ich als Handwerksgeselle und ging auf Wanderschaft, um nach meinen Lehr- und Wanderjahren in die Handwerkergilde Compagnon de France aufgenommen zu werden. Ich habe mich so hochgearbeitet. Mehr als 20 Jahre habe ich bei John Lobb gearbeitet. 2008 hat mich Massaro zu sich gerufen.

Wie viele Arbeitsstunden stecken in einem Massaro-Schuh?
Das ist abhängig von dem Modell, aber es sind ungefähr 30 bis 40 Stunden Handarbeit. Im Gegensatz dazu braucht man für einen industriell gefertigten Schuh nur 20 bis 30 Minuten. Wir haben 14 Mitarbeiter in unseren Ateliers. Zwei Wochen muss ein Kunde auf seinen Termin warten, um das Modell zu besprechen. Wenn ein Schuh passend zu einem Kostüm oder Anzug gefertigt werden soll, erarbeiten wir diesen in enger Zusammenarbeit mit dem Schneider. Manchmal bringen die Kunden ein Stück Stoff mit. Sie können uns um Rat fragen, aber

Foto: Jules Martin

ich zwinge niemandem etwas auf. Zunächst wird eine Zeichnung angefertigt, dann Maß genommen. Darauf folgt die Arbeit an den Leisten, bei der alles per Hand geschnitten wird. Zunächst wird ein Probemodell angefertigt, an dem Korrekturen und Abänderungen vorgenommen werden. Wenn das korrigierte Modell überprüft und genehmigt wurde, fertigen wir den richtigen, endgültigen Schuh an. Wenn dieser fertig ist, können immer noch kleine Korrekturen vorgenommen werden, denn es ist ein bisschen so wie bei einem Rennwagen: Der Schuh ist wie ein Motor, der millimetergenau eingestellt werden muss.

Woran erkennt frau einen guten Schuh?

Für das geschulte Auge gibt es zahlreiche Details, woran man einen guten Schuh erkennt, denn Qualität findet man in jedem Arbeitsschritt wieder: in der Form, der Leistenkopie, dem Schaft, dem Aufbau und dem Zusammenfügen des Schafts.

Für den Konsumenten ist das schwieriger zu erkennen. Natürlich zählt der äußere Aspekt, die Qualität des Leders sowie der Komfort, aber das ist vor allem eine Sache der Erziehung und Wertschätzung des »Schönen«.

Haben sich die Techniken in den letzten 30 Jahren weiterentwickelt?

Die Techniken sind die gleichen, doch gewisse Produkte wie umweltschädliche Farbstoffe sind heutzutage verboten. Ich sehe das als Fortschritt des Umweltschutzes. Wir müssen uns diesen Veränderungen anpassen. Nehmen wir zum Beispiel den Neoprenkleber. Er wurde ersetzt durch einen Kleber auf Wasserbasis, der nicht so stark, aber auch weniger toxisch ist. Das bedeutet nicht, dass das die Qualität mindert, sondern dass unsere biologischen Auflagen sich erhöhen. Mir missfällt die Einstellung, dass früher immer alles besser war.

Gibt es Füße, die für Absatzschuhe geschaffen sind?

Nicht alle Frauen können High Heels tragen. Das hängt von der Form und dem Skelett ihrer Füße ab. Das Schuhgelenk (Winkel zwischen Schuhspitze und Absatz) muss an die Fußwölbung angepasst sein, das heißt, dass der Fuß perfekt in diese Wölbung passt, ohne einen Zwischenraum zu lassen, sonst rutscht der Fuß nach vorn und der Schuh drückt und verursacht Schmerzen. Je gewölbter der Fuß ist, desto höher kann der Absatz sein, wobei man wissen sollte, dass es schwieriger ist, einen hohen Absatz bei einer kleinen Schuhgröße wie einer 36 zu machen. Ich habe seit mehr als 80 Jahren eine Kundin, die immer noch 17 cm hohe Absätze trägt! (Philippe Atienza zeigt uns ein Paar schwarze Overknee-Stiefel mit einem schwindelerregenden Absatz für diese glückliche Kundin.)

Der perfekte Absatzschuh ist ein Schuh, der bequem ist und eine schöne Form hat. Dafür muss der Fuß seinen »Platz« finden. Der Vorderteil des Schuhs darf nicht zu kurz sein, damit alle Fuß- und Zehengelenke und der große Zeh, so wie sie sollen, bequem aufliegen, ohne zusammengekrallt und gequetscht zu werden. Die Trägerin muss stabil, gleichmäßig und kohärent auf dem Boden stehen. Je höher das Schuhgelenk, desto kürzer und weiter ausgeschnitten kann der Vorderteil des Schuhs sein.

Haben Männer und Frauen eine unterschiedliche Beziehung zu Schuhen?

Frauen interessieren sich zuallererst für den Stil und die Eleganz. Das Erste, was sie machen, ist, sich im Spiegel mit ihren neuen Schuhen zu betrachten. Dann erst interessieren sie sich für den Tragekomfort. Viele Frauen kaufen sich Schuhe, die ihnen nicht unbedingt passen, denen sie jedoch erliegen, weil sie sie schön finden.

Wir haben viele Kunden, die ihren Schuhschrank nicht mehr mit einem weiteren Paar Schuhen füllen wollen, das sie nicht tragen. Sie zahlen gern einen höheren Preis und besitzen dadurch weniger Modelle, haben dafür aber Qualitätsschuhe!

ZEIGE MIR DEINE
SCHUHE,
UND ICH SAGE DIR, WER DU BIST

. . . .

In Sachen Schuhe gibt es kulturelle Unterschiede. Einige bringen alle nur erdenklichen Opfer, andere zügeln ihr Verlangen. Die modeverwöhnten Französinnen kaufen sich im Schnitt acht Paar Schuhe pro Jahr, womit sie weltweit auf Platz zwei nach den Amerikanerinnen liegen.

Mit 3200 m² mitten im Herzen von Paris bieten die Galeries Lafayette Schuhliebhabern die größte Schuh-Oase Europas.

Von etablierten Marken bis hin zu jungen Designern ist Paris die Stadt für Schuhmode.

Janine Bothelo, Leiterin der Schuhabteilung von Printemps Haussmann, dem anderen Pariser Schuhtempel, erklärt uns, dass am ersten Tag der Schlussverkäufe dort alle fünf Sekunden ein Paar Damenschuhe verkauft wird.

»Man hört sie, wie sie die Treppen hochrennen! Sie stehen bei Wind und Wetter zwei oder drei Stunden für 50 % Preisnachlass an.« Allein bei dem Gedanken an ein Schnäppchen verlieren sie den Kopf und kaufen Schuhe, die ihnen viel zu klein sind und nachher im Schuhschrank verstauben, oder werden handgreiflich, wenn ihnen eine andere ein Paar Schuhe weg-

schnappt. Doch Janine Bothelo, die im Printemps Kunden aus aller Welt betreut, meint, dass die Französinnen die vernünftigsten – ja zaghaftesten – Kundinnen sind und Komfort und Qualität vorziehen, zwei Kriterien, die ihrer Meinung nach unabdingbar bleiben. »Die Französin möchte unter gar keinen Umständen vulgär erscheinen«, stellt Janine fest. »Sie kauft die Klassiker, sie hat Angst, etwas zu wagen und bleibt beim Altbewährten: Schlichtes, Basics und neutrale Farben wie Camel, das zu allem passt. Seit Kurzem interessiert sich die französische Kundschaft vermehrt für die Fabrikation. Gern zahlt man mehr, wenn die Qualität dafür stimmt.«

Dieser Wandel im Kaufverhalten ist zweifellos der Krise, aber auch dem neuen Bewusstsein zuzuschreiben, dass unsere modischen Accessoires und unsere Kleidung nicht immer zu dem

Preis verkauft werden, der den Herstellungskosten entspricht. Die aktuellen Skandale bezüglich der Arbeitsbedingungen in der Textilindustrie haben den Argwohn und das Misstrauen der Käuferinnen geweckt. Modisch sein: ja, aber nicht dabei zum Narren gehalten werden. »Einen hohen Preis für ein Produkt zu zahlen, das in Marokko oder Tunesien hergestellt wurde, ist Missbrauch«, gibt der junge Designer Fred Marzo zu bedenken, der auf das schöne *made in France* Wert legt.

Im Sommer erliegen die Französinnen vielleicht einem originellen farbigen Modell, doch sobald der Winter kommt, kehren sie wieder zu »spießigeren« Schuhen zurück, die sich leichter kombinieren lassen. »Der Winter ist lang in Frankreich. Er dauert praktisch acht Monate. Deshalb muss ein Paar Boots oder Winterschuhe langlebig sein und diesen ganzen Zeitraum getragen werden können.«

UND DIE
HERREN?

Was denken die Männer, die ihre Partnerin beim Schuhkauf begleiten? »Sie haben sehr wenig Geduld. Sie lieben Absatzschuhe und finden UGGS

Extravagantes *shoesing*
von Anne-Sophie Mignaux

. . . .

»Ich bin eine Sammlerin,
die ihre Kollektion in der Stadt und im Alltag trägt. Meine Schuhe leben.«

Claire Marie Rochette

und ungraziöse, klobige Halbschuhe schrecklich. ›Das willst du jetzt aber nicht wirklich kaufen?‹, hört man oft. Doch die Pariserinnen kaufen das, was ihnen gefällt. Sie haben ihren eigenen Kopf und hören nicht auf ihren Mann. Ausländerinnen jedoch ja«, amüsiert sich Janine Bothelo.

Ihr zufolge lieben Russinnen das Glänzende, Seltene und Exklusive. Sie sind experimentierfreudig, wagemutig, lieben wie die Brasilianerinnen sehr hohe Schuhe und pfeifen auf Komfort. Die Chinesinnen sind gierig nach französischen Fabrikaten. Selbst die Marke eines wenig bekannten Jungdesigners, die aber in Frankreich hergestellt wird, erfüllt ihre Sehnsucht nach Exotik. Sie gehen in Gruppen einkaufen und kaufen ein Modell erst nach genauer Untersuchung und Zustimmung aller. Sie entscheiden sich meistens für Keilabsätze, Plateausohlen oder flache Schuhe, Hauptsache bequem.

My favorite shoes
. . . .

von Tonie Behar, Schriftstellerin

Meine ersten Schuhe, von denen ich als Kind träumte, habe ich entdeckt, als ich zusammen mit meiner Schwester abends den Kleiderschrank meiner Mutter durchstöberte, während sie aus war. Unter den Designerschuhen von Céline oder Charles Jourdan thronte ein Paar fantastischer mandelgrüner Sandalen aus Schlangenleder von Roger Vivier. Mit ihren hohen geschwungenen Absätzen aus schwarzem, gelacktem Holz schienen sie aus einer mysteriösen Welt voller lauer Sommerabende mit leichten Kleidchen und gebräunten Beine zu stammen. In ihrer raffinierten Linie, ihrer glänzenden Farbe und ihrem animalischen Material sahen wir pure Weiblichkeit, Verführungskunst und Glamour.

Später, als ich anfing zu arbeiten, verliebte ich mich wieder in schöne Schuhe. Es stimmt, dass hohe Absatzschuhe schnell zu wertvollen Verbündeten für Mädchen werden, deren Wachstum bei 1,60 Meter stehen geblieben ist. Vor allem wenn man in der Modebranche arbeitet und täglich Models begegnet, die einen verächtlich von oben herab mustern. Ich war Pressesprecherin für Emanuel Ungaro und meine Chefin, die genauso klein wie ich war, sammelte Manolo Blahniks. Ich mochte sie nicht, doch ihre Schuhe liebte ich. Und so wurde ich auch eine dieser Tussis, die in 10 cm hohen Absätzen durch ganz Paris rennen können. Auch heute noch kann mich nichts stoppen: Treppen, Restaurants, Abendveranstaltungen, U-Bahngänge. Viele habe ich durchgelaufen, viele weggeworfen, doch die Schönsten, die sich abheben, etwas Besonderes sind, habe ich behalten – wie die zweifarbigen gelb und braunen Stegspangenschuhe von Christian Dior oder die Abendsandaletten von Sonia Ryckiel in Kakaosatin mit einer Marabutroddel. Doch eine glühende Leidenschaft habe ich für Absatzboots, die ich zu allem trage, Kleidern oder Slimjeans, in Leder oder Wildleder, in allen nur erdenklichen Farben, Hauptsache, sie strecken mich und verleihen mir Style. Ich liebe Schuhe so sehr, dass ich in allen meinen Büchern über

Sonia Rykiels von Tonie. Rechts: Christian Dior

sie schreibe. Meine letzte Romanheldin, Doria, ist eine hektische junge Frau, Rock-'n'-Roll-Rebellin und ständig pleite, weil sie ihr ganzes Geld für Absatzboots ausgibt.

Als mein zweiter Roman mit dem vielsagenden Titel *Coups bas et talons hauts* (Downs und High Heels) herauskam, schickte mich mein Verlag zu verschiedenen Buchmessen in ganz Frankreich. Ich überlegte, wie ich mich von den Massen an buchsignierenden Autoren abheben könnte. Eine Freundin lieh mir ein Paar spektakuläre 12-cm-Stilettos in blassrosa Satin und mit schwarzer Spitze von Prada. Ich habe sie gut sichtbar auf meinen Bücherstapel gestellt und es hat funktioniert. Die Leserinnen hielten inne, um sich die Schuhe

anzusehen, und gingen mit meinem Buch in der Hand weiter.

Heute besitze ich etwa 100 Paar Schuhe, wenn man die Flip-Flops und Gummistiefel mitzählt. Ich weiß, ich bin nur ein kleiner Fisch im Vergleich zu gewissen Schuhfanatikerinnen mit ihren Schuhregalen nach Maß für ihre mindestens 300 oder 400 Paar Schuhe. Doch an Tagen, an denen mich der Blues überkommt, räume ich meinen Schuhschrank auf, betrachte alle meinen kleinen, schön aufgereihten Schuhe und habe dann wenigstens ein bisschen den Eindruck, etwas in meinem Leben geschafft zu haben.

Tonie Behar ist Schriftstellerin, Redakteurin und Bloggerin (www.comedieromantique.com)

FRANÇOIS NAJAR

Gründer des gleichnamigen Labels

. . . .

Hat er zu viele Frauen beim Anblick eines Paars aggressiver Stilettos zusammenzucken sehen? François Najar hat sich entschieden, einen schicken, sexy und … bequemen Absatzschuh zu entwerfen. Sein Credo: der Louis-XV-Absatz.

Man kann also Design, hohen Absatz und Komfort miteinander verbinden?
Ich wollte den aktuellen Trends folgen, die die Ästhetik über alles stellen. Ich finde, dass Frauen in Absatzschuhen schöner sind … wenn sie nicht leiden müssen. Ich habe Pumps kreiert, die die Form des Fußes berücksichtigen und in denen Frauen das Gefühl haben, nicht in 9 cm, sondern 5 cm hohen Absätzen zu laufen. Durch eine großzügigere Passform und eine spezielle Wölbung brauchen sie keine Reibung, Blasen oder verkrampfte Zehen mehr zu fürchten.

Warum haben Sie sich dafür entschieden, sich besonders auf den Louis-XV-Absatz zu konzentrieren?
Ich wollte reine und zeitlose Pumps kreieren, die den Look einer selbstbewussten, unabhängigen, sowohl im Kostüm als auch in Jeans elegant wirkenden Frau bereichern. Das könnte Claire Chazal, Sophie Marceau, Charlotte Gainsbourg, meine Mutter oder auch Sie sein … Für mich ist der Louis-XV-Absatz die Quintessenz dieser Facetten des urbanen Schicks. Er ist der Eleganteste und Reinste, aber auch der am schwierigsten umzusetzende Absatzschuh. Er erfordert traditionelles handwerkliches Können. Deshalb werden meine Schuhe im italienischen Veneto, der Wiege des Luxusschuhs, in einem Atelier von Hand hergestellt, wo nur Louis-XV-Absatzschuhe gefertigt werden.

Was würden Sie einer Frau empfehlen, die Angst vor Absätzen hat?
Man kann alles lernen! Ein bisschen Übung reicht aus. Fangen Sie nicht mit einem zu niedrigen Absatzschuh

an, sondern wählen Sie direkt einen 7-cm-Absatz. Laufen Sie zu Hause hin und her. Gehen Sie die Treppen rauf und runter. Und sagen Sie sich immer wieder, dass Absatzschuhe Ihre Silhouette, Ihr Profil, Ihre Fuß- und Wadenwölbung, die Form Ihrer Beine und Ihre Haltung und Ausstrahlung verändern. Mit Absatzschuhen fühlen Sie sich weiblicher, begehrenswerter ...

Louis-XV-Absatz

Dieser Absatz, der von Schuhmachern im 16. Jahrhundert kreiert wurde, hat ein konkaves Profil und verschmilzt sanft mit der Schuhsohle.

Clèmence Gabriel, Sängerin der Band Paul,
Théodore, Gabriel in Schuhen von Paul Smith

MÄNNERSCHUHE FÜR
FRAUEN

. . . .

Man kann verrückt nach High Heels sein, aber keine Lust haben,
sein ganzes Leben auf Stelzen zu verbringen. Viele Frauen sagen:
»Ich habe wunderschöne Absatzschuhe, die ich nie trage. Das
passt einfach nicht zu meinem Lebensstil.« Man kann sich natürlich auch Absatzschuhe kaufen, nur um sich daran zu erfreuen,
sie zu besitzen … Wenn man ein sehr bewegtes Leben führt, muss
man auch mal hinter dem Bus herlaufen oder längere Strecken mit
weit ausholenden Schritten bewältigen, ohne daran von staksigen
Stöckelschuhen gehindert zu werden. Ja, man kann auch ohne
Absatzschuhe oder Ballerinas elegant und weiblich sein.

Die Auswahl ist groß: vom Mokassin
über den Richelieu-Schuh bis hin zu
Derbies …
Der Mokassin, inspiriert von den
Wildlederschuhen der Indianer, an-
schmiegsam und bequem, wurde zunächst von den ersten Siedlerinnen
direkt von den Ureinwohnern übernommen. Später wurde er genauso
ein Männer- wie Frauenschuh. Wir
mögen die klassischen, unverwüstlichen Westons, die berühmten Penny
Loafers oder die mystischen Weejuns
von G.H. Bass, die auch James Dean
und Michael Jackson trugen.

»Ich mag keine Absatzschuhe. Wenn
ich sie abends zum Weggehen trage,

Schuhe von Lavin

Axelle Rostard in einem Mantel von Zara
T-Shirt von H&M, Jeans von Mango
Limited Edition, Gürtel aus den
Galeries Lafayette Collections,
Duffle-Tasche von Yves Saint Laurent,
Mokassins von 180 J. M. Weston

»Chelsea Boots,
Mokassins, Derbies ...
Das entspricht meinem
Temperament und
Lebensstil. Sie lassen
Minirock, hautenge
Jeans oder transparente
Bluse weniger sexy und
diskreter erscheinen.«

ist es mir schon mehrmals passiert, dass ich mitten in der Nacht ein Gefühl hatte, als ob meine Füße in ihrem eigenen Blut baden. Und das ist wirklich fürchterlich.« Mary Kate Olsen, Magazin *ASOS*, 2012

In den 1920er-Jahren befreit sich der weibliche Fuß und darf auch etwas anderes tragen als Schnürstiefel und feine Absatzschuhe. Endlich ein bisschen Komfort! Im alten Europa waren die funktionellen Halbschuhe nur den einfachen Frauen aus dem Volk vorbehalten. Doch endlich darf auch die elegante Dame ihren Salon und Ballsaal verlassen, um die Welt zu entdecken. Wie Marlene Dietrich auf dem Höhepunkt ihrer Weiblichkeit verführerisch in einem Männeranzug von Savile Row, Richelieus an den Füßen und einer Zigarette arrogant im Mundwinkel.

Ziel ist es nicht, einen anderen Look zu kopieren, zum Beispiel den ach so gelungenen Style eines Justin Timberlake, sondern sich eher an einer Tilda Swinton zu orientieren, die mit Talent die große Kunst dieser gewissen Mischung beherrscht.

Boyish shoes, Rock-Version

Vorteil: Sie verleihen einem sehr weiblichen Outfit etwas Androgynes.
Nachteil: Schlecht kombiniert lassen diese *boyish shoes* einen schnell wie Miss Marple in der schottischen Provinz wirken.

1980

Clergerie bringt mit Erfolg Derbies raus, die auf Androgynität setzen. Mit dem genähten Goodyear, in bester Lederqualität und Design, erobert die Marke die Herzen der Frauen im Flug.

»Für den richtigen Mix, in dem ich mich wohlfühle, versuche ich, männliche und weibliche Dresscodes ausgewogen zu kombinieren. Doch ich mag keine Stylingdogmen!«

Axelle trägt einen Wickelrock und ein Viskose-T-Shirt von H&M. Duffle-Tasche von Yves Saint Laurent. Vom Schuster gefärbte Leder-Derbies von Clary's

»Diese Boots sind Sinnbild meiner Persönlichkeit. Ich bin zugleich eine Träumerin und bodenständig, romantisch und pragmatisch, unkonventionell und klassisch, Mann und Frau. Kurz gesagt: Ich bin alles und das genaue Gegenteil. Das reinste Paradoxon.«

Victoria Romano.
Mantel von Tsumori Chisato.
Kleid und Boots von Balenciaga

Zweifarbige Mokassins von Maurice Manufacture, Hose von Zara

Philippe Granger, Geschäftsführer von Maurice Manufacture

»Früher wurden Luxusschuhe für Frauen in Frankreich von Clergerie, Kélian und Jourdan gefertigt. Diese Unternehmen entwarfen und fertigten ihre Schuhe selbst. Heute sind die meisten Schuhhersteller aus Frankreich verschwunden. Ende der 1980er-Jahre kam es in der Zeit zwischen dem Verschwinden von Kélian und Jourdan und der Entdeckung des Schuhs als Modeaccessoire durch die großen Luxusmarken zu einem großen Einbruch. Luxusmarken wie Chanel und Dior ließen ihre Schuhkollektionen in Italien fertigen, denn dort besaß man das Know-how, und in Frankreich war die Schuhindustrie dem Unter-gang geweiht. Die Schuhe der Luxusmarken hatten sofort großen Erfolg, was niemand vorhergesagt hätte. Als Louis Vuitton begann, auf Schuhe zu setzen, wandte die Marke das gleiche Geschäftsmodell wie bei ihren Taschen an und ließ sie nicht in Frankreich fertigen. Kein Unternehmen war imstande, auf Knopfdruck einer so großen Nachfrage an Luxusgütern nachzukommen. Jourdan und Kélian waren es nicht gewohnt, für andere zu arbeiten. Heute wird der größte Anteil im Bereich des Luxusschuhmarktes von Marken eingenommen, die anfänglich keine Schuhmarken waren.«

»Ich liebe androgyne Schuhe. Spitz und gelackt. Sie sind stylish und bequem für die alltäglichen Strapazen.«

Litchis Innamorato, Stylistin für Innamorato. Ausgestellte Steppjacke Grafik von Innamorato. Langer, goldener Rock von Innamorato, Creepers von Underground

Sandra Morin, Webdesignerin und Grafikerin. Roter Hut und Jeanslatzhose von Vintage 66, Tuch H&M, Pullunder Boohoo, Strumpfhose Dim. Dunkelblaue und schwarze Perfecto vom Flohmarkt. Klassische rote Desert Boots von Les Flèches de Phébus

»Trage ich zu einer Anzughose, einem Trapez-kleid oder einer weiten oder engen Hose.«

Die 8 Gebote für
boyish shoes

1 Der Schnitt der Schuhe sollte sehr männlich bleiben, aber durch einen kleinen Touch Extravaganz aufgepeppt sein: zweifarbige Derbies, mit Nieten, Leoparden- oder Schlangenoptik ...

2 Wenn Sie klein sind oder runde Waden haben, sollten Sie darauf achten, dass die Sohle nicht zu dünn ist. Das lässt Sie gedrungen wirken. Tipp: mit enger Hüfthose, im Stil von Chinos oder Boyfriend-Jeans, die Sie hochkrempeln sollten, damit man Ihre Knöchel sieht und so Ihre Silhouette gestreckt wird. Oder eine 7/8-Hose.

3 Tragen Sie Männerschuhe in der Originalversion mit einem Männeranzug, aufgepeppt durch ein T-Shirt mit Motiv oder ein Jeanshemd. Oder auch kombiniert mit einer weiten Taillenhose + weißem, ausgeschnittenem Hemd. Spielen Sie mit dem Gegensatz männlich/weiblich und verleihen Sie Ihren *boyish shoes* eine weibliche Note mit Spitze, Liberty-Stoffen oder transparenten Tüchern, um Ihr Outfit mysteriös und verführerisch zu machen.

4 Betonen Sie die Gegensätze mit einem Etuikleid, das bis kurz über das Knie geht, oder einem Bleistiftrock aus Leder + einer Seidenbluse oder einem locker fallenden Rock, der Ihre Knöchel umschmeichelt, Shorts aus Leder + einem Blazer.

5 Der Preppy-Look ist nichts für Sie? Dann tragen Sie Ihre *boyish shoes* nicht im College-Stil wie Alexa Chung (Shorts oder kurzer Rock + Söckchen), sondern ladylike mit einem über das Knie gehenden Rock und einer in der Taille gegürteten Jacke oder einem auf Taille geschnittenen Bleistiftrock + einem kurzen Mohairpullover. Oder lieber die Glamrock-Version: Lederslim + loses T-Shirt + Smokingjacke.

6 Um nicht zu spießig zu wirken, sollten sich Mokassins eher an dem Modell Penny Loafers (nicht zu verwechseln mit Segelschuhen!) orientieren. Tragen Sie Ihre Mokassins zu einer engen, knöchellangen Hose, einem blau-weiß-gestreiften Ringelpulli und einem Blazer. Dazu farbige Strümpfe, um dem Ganzen eine weibliche Note zu verleihen.

7 Sie finden Männerschuhe zu ernst und streng? Zusammen mit einer Jeans zu langweilig? Dann kombinieren Sie sie zu einer Print- oder Brokathose. Oder auch zu einem peppigen Anzug mit Nadelstreifen oder Blumenmuster.

8 *Boyish shoes* vertragen sich nicht mit Feinstrumpfhosen. Sie lieben Lurexsöckchen, Printstrümpfe, farbige Socken, Wollstrumpfhosen und haben auch nichts gegen nackte Füße.

ROBERT CLERGERIE

Gründer von Clergerie

· · · · · · · · · · · · · · · · · ·

Er nennt sich selbst den letzten Dinosaurier des Fachs und hält sich an die Maxime des Schuhdesigners André Perugia: »Ein Kleidungsstück trägt man, Schuhe tragen einen.« Ein Schuh muss bequem und natürlich elegant sein. Der 1934 geborene Robert Clergerie hat seine Liebe zu Schuhen nie verloren.

Was hat Sie bewogen, Schuhe zu machen?

Das ist eine lange Geschichte! Mein Vater war Lebensmittelhändler in Levallois-Perret, einer Stadt nordwestlich von Paris, wo ich meine ganze Kindheit verbracht habe. Ich war ein guter Schüler, habe mein Abitur gemacht und an der École Supérieure de Commerce studiert. Ich träumte von einem Abenteuer und wollte ins Ausland gehen. Deshalb setzte ich mich in den Zug und bestieg dann ein Schiff nach New York. (Damals war es sehr ungewöhnlich, ins Ausland zu gehen. Meine Reise dauerte zwei Wochen, und ich teilte mir eine Kabine mit mehreren Leuten. Das Schicksal wollte es so, dass darunter ein Mexi-kaner war, der Schuhe in Frankreich verkaufte.)

Von New York fuhr ich mit dem Bus nach Mexiko. Dort blieb ich einige Jahre und lebte wie Gérard Philipe in dem Westernfilm *Aufenthalt vor Vera Cruz*. Dann musste ich nach Frankreich zurück, weil man mich in den Algerienkrieg einzog. Als ich davon zurückkehrte, war die Stimmung am Boden. Ich meldete mich auf eine Anzeige von Jourdan und verliebte mich in Schuhe – die Maße, die Form, das Material, das besondere Leder.

Sie haben in den 1980er-Jahren die Marke Clergerie gegründet?

Die Marke Clergerie wurde 1981 ins Leben gerufen, doch schon viel früher hatte ich ein Unternehmen für Männerschuhe – UNIC – gekauft, das Joseph Fenestrier Ende des 19. Jahrhunderts aufgebaut hatte. Es war ein Unternehmen, das Luxusschuhe herstellte und in dem man die Goodyear-Nähtechnick verwendete. Ich habe alles verkauft, nur um diese Firma zu bekommen. Ohne die Unterstützung meiner Frau hätte ich das nicht geschafft.

Fenestrier und Charles Jourdan waren die zwei wichtigsten Persönlichkeiten in Romans-sur-Isère, der Hauptstadt für Luxusschuhwerk. Kélian und ich sind nur in ihre Fußstapfen getreten.

Wie sind Sie auf die Idee gekommen, Derbies für Frauen anzufertigen?

Als ich die Modenschauen von Yves Saint Laurent mit seinen Smokings und Männeranzügen sah, die nach einem maskulinen Schuh förmlich schrien, kam mir die Idee, einen Männerschuh für Frauen zu kreieren. Eine Freundin, Annie Destin, bestärkte mich, dass ich die Fabrik, die Idee und den Namen dafür hätte. Sie hat mich angestachelt, diese Schuhe herauszubringen. Damals gab es noch keine Männerschuhe für Frauen. Besonders erfolgreich war Charles Jourdan mit seinen Absatzschuhen und der provokanten und wunderbaren Fotokampagne des französischen Fotografen Guy Bourdin. Als ich in diesem Beruf anfing, waren die Absätze nicht höher als 5 bis 6 cm. Doch mit der Zeit wurden sie immer höher. Charles Jourdan machte

Ein Must-have der Clergerie-Kollektion

sogar Absätze, die 10 bis 11 cm hoch waren. Das war damals sehr hoch! In New York habe ich Frauen mitten im Winter im Schnee mit hohen Sandaletten zum Waldorf gehen sehen. Ich begann meine erste Kollektion mit drei Modellen: Paco, Paris und Palma, ein Derby, ein Richelieu und Tuxedo Pumps in Lack, zweifarbig in Schwarz und Weiß. Ich hatte das große Glück, dass meine ersten vier Kunden (darunter auch Barney's) wichtige weltweite »Meinungsmacher« waren. Alle wollten meine Modelle und so habe ich meinen Laden in der Rue du Cherche-Midi in Paris eröffnet. Für einige Jahre war damit Schluss mit himmelhohen Absätzen.

FUSS-
PFLEGE

. . . .

Für manche Menschen besitzen Füße etwas sehr Erotisches, für andere sind sie Gegenstand zahlreicher Komplexe: »Zu wurstig«, »zu lang«, »zu weiß«, »zu gebogen«, »bucklig«, »verkrümmt«. Lieber verstecken wir sie in geschlossenen Schuhen, als dass wir sie in Sandalen entblößen. Niemand ist gezwungen, sie zu zeigen, doch man muss sie dennoch pflegen. Dabei haben Sie auch Gelegenheit, sich mit ihnen auszusöhnen.

Regelmäßig unsere Hände zu pflegen, fällt uns nicht schwer, doch unsere Füße vernachlässigen wir. »Im Allgemeinen interessieren sich Frauen nur einmal im Jahr für ihre Füße: kurz vor ihrem Strandurlaub«, wundert sich die Fußpflegerin Joëlle Levy immer wieder. »Doch wer regelmäßig zur Fußpflege geht, mindestens einmal alle drei Monate, beugt Fußleiden vor. Darüber hinaus findet man seine nach der Pediküre gut gepflegten Füße vielleicht auch schön.« Reibung durch zu enge Schuhe, zu starres Leder und ungeeignete Absätze verursachen Hühneraugen, Schwielen, eingewachsene Zehennägel, Hallux valgus. »Das Problem ist, dass die meisten Leute ihre Schuhe nach ästhetischen Aspekten und nicht nach ihrer Fußform aussuchen. Und meistens kaufen sie sich zu kleine Schuhe«, stellt Joëlle Levy fest.

Und dann gibt es noch diejenigen, die verrückt nach Absätzen sind. Wenn Sie immer hochhackige Schuhe tragen, verlagert sich das Körpergewicht auf den Vorderfuß und es können dort Schwielen entstehen.

Das brennt und die Hornhaut verdickt sich dort, wo das meiste Gewicht draufdrückt. Joëlle Levy rät von Silikonkissen ab: »Das ist ein Placebo, das höchstwahrscheinlich weder für ihren Fuß noch für ihren Schuh geeignet ist. Besser ist eine orthopädische Sohle nach Maß und seine Füße zu schonen. Sie müssen nicht jeden Tag alle Trümpfe ausspielen!«

Die Fußpflegerin ist auch keine Befürworterin von Hühneraugenpflastern: »Wenn

. . . .

Victoria Beckham
massiert ihre Füße
jeden Abend, damit
sie sie in ihren mindestens 12 cm hohen
High Heels durch
den Tag tragen.

> »Ich schminke mich nicht, lackiere mir aber meine Nägel in Rot, Aubergine ...
> **Ich pflege meine Füße und bekomme dafür oft Komplimente.«**
>
> Adeline Roussel

. . . .

das Pflaster verrutscht, kann die Salicylsäure auch gesunde Haut angreifen. Halten Sie sich auch bitte von all den barbarischen Werkzeugen fern, mit denen Sie sich verletzen können. Die Spitze eines Hühnerauges kann man nicht mit Pflastern oder anderen auf dem Markt erhältlichen Werkzeugen entfernen. Nur ein professioneller Fußpfleger kann Ihnen helfen.«

Wenn Sie immer nur Turnschuhe tragen, wird Ihr Fuß nicht richtig gehalten und das Fußgewölbe flacher. Dünne Sohlen – ah! Diese zarten Ballerinas! – bieten leider überhaupt keine Dämpfung. Tragen Sie sie lieber nicht, wenn Sie viel herumhetzen müssen. Jeder Schritt verursacht Stöße auf die Wirbelsäule und kann zu Rückenschmerzen führen. Ideal für stressige Tage: eine Gummisohle.

. . . .

Au, mein großer Zeh!

Hallux valgus ist eine typisch weibliche, im Laufe des Lebens auftretende Deformation der Knochen des großen Zehs. Der Schiefstand der großen Zehe wird durch schlechtes Schuhwerk verursacht: zu spitze oder zu hohe Schuhe, Riemen oder Einschnitte, die das Knochenzellwachstum anregen.

Samtweiche Füße

Cremen Sie Ihre Füße jeden Morgen oder Abend mit einer dicken Schicht Feuchtigkeitscreme für die Füße – eine Handcreme tut's aber auch – ein. Entfernen Sie alle zehn Tage vorsichtig die Hornhaut von den Fersen. Aber nicht zu viel. Sonst wird das Zellwachstum der Hornhaut nur angeregt und Sie bekommen noch mehr davon – ein wahrer Teufelskreis. Wenn Sie denken, dass Ihre Füßchen zu blass sind, dann cremen Sie sie mit einer sanften Selbstbräuner-Feuchtigkeitscreme ein – allerdings nur auf der Fußoberseite. So werden sie allmählich Farbe annehmen.

. . . .

Reflexologie

Die Fußreflexzonentherapie ist eine ganzheitliche Therapie, die auf der Erkenntnis beruht, dass jedes Organ einer bestimmten Fußzone entspricht. Ein Therapeut kann durch Ausüben von Druck darauf Störungen (Schlaf-, Verdauungs-, Harnwegstörungen) und andere Leiden (chronische Ohrenentzündung, Rückenschmerzen ...) lindern und den Selbstheilungsprozess des Körpers stimulieren.

»Ihre Füße sprechen Bände. Achten Sie auf sie.«

Sie sind unsere Fortbewegungsmittel, Fundament unserer aufrechten Haltung. Ein Grund mehr, um auf sie zu achten. Wenn die Reflexologin unsere Füße in ihre Hände nimmt, vertrauen wir ihr unsere aktuellen Probleme, körperlichen Leiden und früheren Unfälle an. Wenn Vertrauen da ist, entspannt sich ein regelrechter Dialog zwischen ihr und unseren Füßen.

Worunter leiden unsere großstadtgeplagten Füße?

Stress verursacht systematisch Schlaf- und Verdauungsprobleme sowie Harnwegsleiden. Ich stelle auch zunehmend Störungen fest, die durch gescheiterte Beziehungen und starke berufliche Belastung verursacht werden. Ich sehe

. . . .

»**Die Reflexologie begleitet uns unser ganzes Leben lang.** Der Fuß ist die einzige Körperstelle, an der man den Menschen in seinem Gesamtzustand erfassen kann. Du bist ein Mensch und du kannst wunderbare Dinge wahrnehmen. Das Erste, was ein Kind sieht, sind seine Füße.«
Laurence C.

deprimierte Menschen, die sich nicht trauen, darüber zu sprechen. Manager in Führungspositionen und junge Leute. Hinzu kommen all die Erkrankungen durch eine schlechte Haltung: Rückenschmerzen, Knieschmerzen … Seit jeher sind unsere Füße empfindliche Antennen für den Zustand von Körper und Seele. Nicht umsonst sagt man: »Der ist aber heute mit dem linken Fuß zuerst aufgestanden.« Es zeigt, wie unsere Füße unsere Stimmungen, Launen und Gefühle aufnehmen und beeinflussen.

Wenn unsere Füße unsere Leiden offenlegen, kann dann schlechtes Schuhwerk unseren körperlichen und geistigen Zustand beeinflussen?

Je höher die Schuhe, desto schädlicher sind sie. Wenn man ständig immer auf die gleiche Stelle Druck ausübt, begünstigt das gewisse Erkrankungen. Tänzerinnen beispielsweise haben oft sehr schlechte Füße. Sie üben ständig Druck auf die Zehen aus, was in der Fußreflexzonentherapie dem Kopf entspricht. Ich habe festgestellt, dass Tänzerinnen auch meist einen sehr speziellen Charakter haben. Zehenringe drücken ebenfalls auf bestimmte Zonen, die nicht ständig stimuliert werden sollten. Wir sind nicht in Indien. Wir besitzen nicht die gleiche Wahrnehmung im Bereich der Füße wie die Inder. Deshalb sollten wir auch keine Fußringe tragen.

»Wenn meine Freunde ein Foto von mir haben wollen,
schicke ich ihnen eins von meinen Füßen.«

Adeline Roussel

- -

Kann man seine eigenen Fußreflexzonen mithilfe einer Anleitung massieren?

Das ist keine so gute Idee. Selbst für einen Therapeuten ist ein Fußreflexzonenplan nicht immer eindeutig, umso weniger für einen Laien. Man verlangt ja auch nicht von einem Chirurgen, sich selbst den Bauch aufzuschneiden. Beispielsweise sind die Stellen mit verdickter Hornhaut nicht nur jene, auf denen der meiste Druck lastet, sondern auch in einem bestimmten Lebensabschnitt für Sie sehr sensible Bereiche. Zuhause sollten Sie barfuß laufen und Ihre Füße bewusst auf den Boden aufsetzen. Sie wahrnehmen: Oh, ich habe ja Füße! Benutzen Sie auch mal keinen Nagellack. Er lässt ihre Zehen nicht atmen. Und die Zehen verkörpern in der Fußreflexzonentherapie den Schädel. Vor einer Operation wird man auch gebeten, den Nagellack zu entfernen. Und das nicht nur aus hygienischen Gründen. Unsere Zehen sind Indikatoren unserer inneren Körperreaktionen. Lieben Sie Ihre Füße! Wenn Sie Schuhe auswählen, tun Sie das mit Bedacht!

BRUNO FRISONI

Artdirector von Roger Vivier

. . . .

Wenn man die Sandalen zur Krönung von Elisabeth II. und die Overknee-Stiefel einer Brigitte Bardot auf ihrer Harley Davidson entworfen, Marlene Dietrichs, Wallis Simpsons und Elisabeth Taylors Füße bekleidet, den Pfennig-, Choc- und Kommaabsatz erfunden hat, was kommt dann als Nächstes?

Seit mehreren Jahren legt Bruno Frisoni mit Talent und Modernität die Kreationen des Meisters – des Fragonard der Schuhe, wie man ihn auch gerne nennt – neu aus. Dabei benutzt er besondere Materialien und arbeitet in kleinen Auflagen. Von höchster Qualität! »Nicht zu vergessen den Touch Humor und die sexy Note.« Bruno Frisoni, Sohn italienischer »einfacher, aber eleganter« Eltern, legte schon immer Wert auf Stil und guten Geschmack: »Unsere italienische Raffinesse zeichnet uns aus. Sie ist Zeichen von gutem Geschmack, wie die italienische Küche!«

Waren Sie schon immer von Schuhen besessen?
Ich erinnere mich noch an meine ersten kleinen 3-cm-Plateauschuhe. Ich war ungefähr zwölf Jahre alt. Doch leider spielte ich damit am Ufer eines Flusses und meine armen Schuhe hielten dem nicht stand. Ich habe sie nie vergessen. Doch wenn ich Ihnen zwei sinnbildliche Frauenmodelle nennen soll, die mich geprägt haben, wären das die beigen Stilettos und die Richelieus der 1970er-Jahre, ein bisschen klobig, in bordeauxfarbenem Leder mit einem Blockabsatz, wie Hermès ihn perfekt macht.

Woher kommt diese Leidenschaft für Schuhe?
Wenn man eine Person sieht, schaut man auf ihre äußeren Eckpunkte: die Haare, Hände und Füße. Sie sind fast wichtiger als die Kleidung. Schuhe verändern das Bein, die Fesseln. Sie sind Werkzeug der Verführung. Schuhe sind auch die Verlängerung der Kleidung.

Welche Frau inspiriert Sie, wenn Sie einen Schuh entwerfen?
Das ist abhängig von der jeweiligen Saison. Es ist ein bisschen so, wie mit

Foto: Antonin Borgeaud

Puppen zu spielen. Ich stelle mir einen bestimmten Haarschnitt, Farbe und Charakter vor ... Meine letzte Muse war griechischen Ursprungs, lebte in London, war modeinteressiert und trug sexy Schuhe mit cooler Weiblichkeit. So, als ob sie Sportschuhe tragen würde.

Muss frau unbedingt Absätze tragen, um verführerisch zu sein?

Nein! Schauen Sie sich Inès de la Fressange an. Ob sie nun Männerboots oder ultraweibliche Schuhe trägt, sie wirkt in ihrer jungenhaften Eleganz immer anziehend. Sie spielt mit ihren Reizen. Man muss zunächst wissen, wer man ist, um dann damit mit Schuhen und Kleidung spielen zu können. Man sollte kein Kleiderbügel sein, sondern man selbst. Es ist eine Frage der Ausgewogenheit. *Too much* kann lächerlich oder fantastisch sein. Es gibt nicht das perfekte Objekt, das überall passt.

Es reicht also nicht aus, einen bestimmten Preis für den perfekten Schuh zu zahlen?

Nur weil ein Gegenstand, ein Kleidungsstück, ein Schuh nicht teuer ist, muss das nicht heißen, dass er auch nicht so gut ist. Sie können sich ein Teil für 2000 € kaufen, haben aber damit nicht die Gewissheit, dass es besser ist als das, was nur 200 € kostet. Der Preis ist nicht ausschlaggebend. Aber die Qualität. Heutzutage hat man das Glück, ein sehr großes Angebot zu haben. Man muss sich nur die Zeit nehmen, gut zu suchen. Lieber wählerisch sein, als schlecht ausgesuchte Dinge anhäufen.

Es ist oft einfacher, dem schlechten Geschmack zu erliegen, nicht wahr?

Der einzige Mangel an Geschmack ist, mit sich im Unreinen zu sein. Es gibt keine vulgären oder hässlichen Dinge, nur ungeeignete Situationen. Die Art, die Dinge miteinander zu verbinden, ist interessant, nicht das Objekt an sich. Man kann bling-bling und sehr elegant sein, wenn man charmant damit umgeht. Eine Charlotte Rampling wird niemals schlechten Geschmack zeigen. Man muss wissen, ob man Risiken eingeht. Durch Fehler und Geschmackverirrungen lernt man, seinen guten Geschmack zu bilden. Ich würde jedoch die schrecklichen Crocs aus dem Verkehr ziehen. Diese Gartenschuhe mit Löchern sind einfach nur scheußlich. Ich ziehe Flip-Flops und Sabots vor, die liebe ich.

STRÜMPFE MACHEN
SCHÖNE BEINE

. . . .

Man trägt Strumpfhosen nicht nur, um die Beinchen zu wärmen, sondern um seinem Style den letzten Schliff zu geben. Sind sie schlecht gewählt, können sie den Look ruinieren. Hier kommt ein kleiner Leitfaden.

Wir sagen es Ihnen hier schwarz auf weiß: lieber für ein Paar schöne Strumpfhosen etwas tiefer in die Tasche greifen als sein Geld für drei Strumpfhosen mittlerer Qualität zum Fenster rauswerfen. Natürlich gibt es auch freudige Überraschungen bei kleinen Marken oder großen Einkaufsketten, doch erst einmal muss man die richtige Masche und den perfekten Schnitt finden. Eine Strumpfhose, deren Zwickel nicht auf Kniehöhe hängt, die keine Falten am Bein wirft, keine horizontalen Streifen kreiert oder überlappt, nicht an Wade oder Oberschenkeln dünner wird, nicht zu stark glänzt, nicht fusselt und nicht sofort eine Laufmasche bekommt. Unsere Topfavoriten (Miss Helen, Dim, Gerbe) haben alle ihren Bestseller, insbesondere bei den höheren DEN (Denier, Einheit für Fadenstärke) und den matten Maschen. Natürlich lieben wir auch die Marken, die besonderen Wert auf Stricktechnik und Färbung legen (Wolford, Falke Luxury Line). Die Strumpfhosen dieser Firmen sind so bequem wie eine zweite Haut, die Maschen homogen und die Nähte diskret. Sie verschönern die Beine und sitzen gut.

TRANSPARENTE ODER BLICKDICHTE STRUMPF-HOSEN?

Je höher das DEN, desto blickdichter ist die Strumpfhose. Je niedriger das DEN, desto transparenter die Strumpfhose.
Die feine, transparente Strumpfhose (5–20 DEN) ist sehr dünn und anfällig für Laufmaschen.
➤ **In Hautfarbe** kleidet sie die Frauen, die ihre Beine nicht hüllenlos zeigen wollen. Wählen Sie dabei eine Farbe, die Ihrem Hauttyp entspricht und vor allem nicht zu stark glänzt. Zu hell wirkt der Look omahaft. Zu dunkel wie eine zu lange Sitzung im Solarium.
➤ **In Schwarz** passt die Feinstrumpfhose sehr gut zu einem eleganten Outfit (Anzug, Abendkleid) oder einem unver-

Romane in Strumpfhose von
DD Doré Doré und Seidenkleid
von Valentine Gauthier

»Ich sammle fantasie-volle Strumpfhosen, um meine Outfits zu per-sonalisieren. Ich liebe blickdichte Strumpfho-sen mit durchbrochenen Motiven (z. B. Karos), aber auch farbige, vor allem in Fuchsia.«

Annabelle Cary, Marketingleiterin und Bloggerin (»Fille and Chips«). Brille von Retrosuperfuture, Top von Haaning&Htoon, Shorts von Kokaï, Tasche von Chanel, Strumpfhose von Gambettes Box, Cage-Schuhe von Yves Saint Laurent

Claire-Marie Rochette,
Bankprojektmanagerin.
Vintagekleid von Lanvin,
Strumpfhose von Wolford,
Schuhe von Ferragamo, rote
Tasche von Longchamp

> **»Ich trage viel Shorts und Röcke und sammle fantasievolle Strumpfhosen, um meine Outfits zu personalisieren.«**
>
> Annabelle Cary

. . . .

schämt sexy Look (Etuikleid und hohe Sandaletten). Punkt. Nicht tragen sollten Sie sie zu Jeansshorts (= Berufsjugendlicher) oder einem Wollrock, einer Daunenjacke und spitzen Stiefeln (= vorzeitig gealtert).

➤ **Die halbtransparente** (25–40 DEN) und die blickdichte (50–100 DEN) Strumpfhose sind einfach zu handhaben. Sie passen zu allem und sind robust. Doch Vorsicht: Vergessen Sie in dieser Dicke hautfarbene Strumpfhosen, die Ihre Beine kräftiger erscheinen lassen. Beschränken Sie sich auf schwarze und farbige Strumpfhosen. Das reicht! Achten Sie auf die Qualität der Maschen. Strumpfhosen mit Glitzer nur, wenn Sie wie Ihre eigene Oma erscheinen wollen.

➤ **Blickdichte Strumpfhosen** erlauben es Ihnen, kurze Röcke, Kleider und Shorts zu tragen. Auch wenn man älter als 25 ist. Sie passen gut zu schweren (Tweed, Wolle) und leichten Stoffen (Seide, Baumwolle, Musselin).

. . . .

Strümpfe mit Motiv – geht das?
Ja, aber lassen Sie die Finger von plumpen (große Blütenmuster) oder einfältigen (rosa Elefanten) Prints. Geeignet sind Muster mit Punkten, Streifen, Schottenkaros, Leoparden-, Zebra- und Schlangenoptik ...

. . . .

Strümpfe – kann man das wirklich tragen?

Um Klartext zu sprechen: Auf gar keinen Fall die transparenten halblangen in Hautfarbe. Igitt! Das sind wahre Liebestöter! Es ist unübersehbar, wie das Bündchen in die Wade schneidet. Heutzutage kann man selbst Stützstrümpfe in Schwarz kaufen. Das sagt schon alles. Also: Nylonstrümpfe ja, aber blickdicht, schwarz oder in Spitzenoptik. Und ein großes Ja zu »echten« Strümpfen. Das heißt die aus Baumwolle, Fil d'Ecosse oder Wolle. Die dürfen auch ruhig zwischen dem Hosensaum Ihrer 7/8-Hose oder hochgekrempelten Chino und Ihren Schuhen hervorluken. Sie sind ein willkommener Farbtupfer. Auch in offene Sandalen oder Pumps dürfen Sie sie anziehen. Das ist nicht jedermanns Geschmack, aber unserer seit Langem.

Florence Rouanet-Riboud,
Artdirector von Victoire.
Barenajacke von Victoire,
Hose und Pullover von Victoire,
Schuhe von Fratelli Rossetti,
Strümpfe von Antipast

Netzstrumpfhose von Dim,
Hose von Swildens und Derbies
von Maurice Manufacture

Lassen Sie jedoch die Finger von zu blickdichten Strumpfhosen, wenn Sie dickere Beine und Fesseln haben. In diesem Fall sollten Sie sich für Strumpfhosen entscheiden, die mit Elasthan angereichert sind und die Beine, manchmal auch Schenkel und Bauch, formen.

EIN BISSCHEN
FANTASIE?

NETZSTRUMPFHOSE

NEIN: Ich glaube, wir müssen hier nicht erläutern, dass frau sie nicht mit roten Lackstilettos und Minirock aus Kunstleder tragen sollte. Auch nicht mit grungigem Holzfällerhemd, Shorts und Kampfstiefeln.

JA: Die Netzstrumpfhose freut sich, wenn sie im Neo-Pin-up-Stil mit knielangem Bleistiftrock, dazu Bikerstiefel, Derbies oder Couture-Pumps kombiniert wird.

FEDERSTICKEREI

NEIN: Zu einem klassischen Rock und geschlossenen Pumps. Leider sehen Sie damit eher wie 65 als 35 aus!

JA: Glamourös am Abend, mit einem Strukturkleid und Absatzschuhen von Jimmy Choo.

SPITZE

NEIN: Mit falschem Strumpfband und falschen Tätowierungen. Das ist einfach nur ein Zeichen schlechten Geschmacks.

JA: Nur mit richtigem Spitzenmotiv! Durch den Löchereffekt wird das Bein aufgehellt und wirkt nicht so gedrungen wie mit blickdichten Strumpfhosen. Spitzenstrumpfhosen stehen jedem und frischen ein sehr klassisches Kleid auf. Doch bitte nur zu einem schlichten Outfit. Sie passen gut zu *boyish shoes*.

FARBE

NEIN: Meiden Sie zu knallige Duos wie Rot + Schwarz (Cruella) oder Rot + Grün (Wichtel). Und zu schrille Farben.

JA: Strumpfhosen in Orange, Pflaume, Entenblau, Himbeere sind perfekt geeignet, um ein tristes Outfit in Kastanienbraun, Khaki, Taupe … aufzupeppen. Auch Strumpfhosen in Nachtblau oder Anthrazit, die sanfter als Schwarz sind, passen hervorragend zu kastanienbraunen oder roten Schuhen. Wenn Sie mutig sind, dann probieren Sie ruhig auch welche in Fuchsia.

MIT MOTIVEN

NEIN: Kleine Blümchen und Karos sind was für kleine Mädchen. Bei einem großen Mädchen wie Ihnen wirken sie lächerlich. Oder spielen Sie noch mit Stofftieren?

JA: Trauen Sie sich ruhig, Leoparden- oder Reptilienprints zu tragen. Doch seien Sie bitte zurückhaltend und kombinieren Sie sie nur mit einem schicken Outfit und eleganten Schuhen. Beispiel: knielanges Kleid und hohe Stiefeletten.

AUS WOLLE

NEIN: Finger weg von 100 % Acryl, was in wenigen Stunden anfängt zu fusseln! Setzen Sie auf 100 % Baumwolle oder Wolle.

JA: Groß gerippt zu einem Retro-Musselin- oder einem Seidenkleid. Großmaschige Strumpfhosen kombiniert mit klobigen Schuhen und fertig ist ein netter Winterlook.

»Mein Schatz findet, Socken
in Birkenstocks sind das
Unsexieste, was es gibt ...
Ich finde es aber so niedlich!«
Juliette Swildens auf
ihrer Facebook-Seite

Happy Socks, Tabio, Archiduchesse, Badelaine

➤ **Wenn Sie Angst haben, etwas falsch zu machen,** dann wählen Sie Strümpfe in der Farbe Ihrer Schuhe: schwarz + schwarz / braun + braun / grau + grau ... Sie können sich auch gern mit Lurexstrümpfen amüsieren.

➤ **Zu dunklen Schuhen** sollten Sie auch dunkle Strümpfe anziehen (keine weißen wie Michael Jackson). Mit Farbtönen wie Bordeaux, Dunkelgrau, Entenblau, Kastanienbraun oder grau meliert können Sie nichts falsch machen.

➤ **Zu farbigen Schuhen** sollten Sie Strümpfe im Farbton Ihres Outfits wählen oder auf sanfte Kontraste setzen. Zu starke Farbkontraste sind zu *hipster-like.*

Dream-Teams

Schwarze Schuhe + Strümpfe in Hellgrau, Entenblau, Pflaume oder Dunkelgrün
Rote Schuhe + Strümpfe in Beige oder Blassrosa
Marinefarbene Schuhe + Strümpfe in Dunkelgrau, Dunkelgrün oder Himbeere
Graue Schuhe + Strümpfe in Himmelblau, Orange oder Tannengrün
Kastanienbraune Schuhe + Strümpfe in Senfgelb, Rot oder Orange
Goldene Schuhe + Strümpfe in Beige oder Khaki

Sandaletten und Lurexsöckchen
von Bensimon

SANDRA CHOI

Creative Director von
Jimmy Choo

. . . .

»Ich erinnere mich an Schuhe, die ich zu wichtigen Gelegenheiten getragen habe, wie beispielsweise an dem Abend, als ich meinen Mann kennengelernt habe. Ich hänge sehr an ihnen.«

Auf was schauen Sie als Erstes bei einer Frau?
Ich würde lügen, wenn ich sagen würde, dass ich nicht als Erstes auf ihre Füße schaue. Das ist mein Job. Eine berufliche Macke sozusagen.

Warum sind Frauen so versessen auf Schuhe?
Frauen hatten schon immer eine besondere Beziehung zu Schuhen. Das fängt bereits sehr früh an, wenn die kleinen Mädchen Geschichten von Zauberschuhen wie in *Der Zauberer von Oz* lesen. Bereits in jungen Jahren erkennen wir die Macht der Schuhe zur Verwandlung. Schuhe geben derjenigen, die sie trägt, die Fähigkeit, wortwörtlich in eine andere Haut zu schlüpfen: eine mächtige Frau in schwarzen High Heels, eine glamouröse Strandnixe in Sandalen mit silbernen Riemen oder eine coole Rebellin in Bikerstiefeln. Schuhe sind eine wichtige Konstante in unserem Kleiderschrank – sie können ein Outfit sofort aufwerten. Also geben Sie ruhig ein wenig mehr für einen schönen Luxusabsatzschuh aus, denn Sie werden seiner nie überdrüssig.

Kann man auch in flachen Schuhen sexy sein?
Was einen sexy macht, ist das Selbstbewusstsein, die distanzierte und rätselhafte Note. Sie können sowohl in hochhackigen Overknee-Stiefeln als auch in androgynen, flachen Schuhe sexy sein. Doch man sollte immer das richtige Maß halten. Alles liegt an dem Stil und der Art, wie Sie sie tragen.

Was halten Sie von den Pariserinnen und den Französinnen im Allgemeinen? Sind Sie immer noch eine Quelle der Inspiration?
Überall in der Welt gibt es Frauen, die mich inspirieren, doch vor allem in Frankreich. Die Französinnen haben einen angeborenen Sinn für Stil. Sei es die Art zu sprechen oder ihre

Foto: DR

mühelose Kunst des Verführens, sie sind wirklich sexy! Wenn ich an einer neuen Kollektion arbeite, stelle ich mir die Jimmy-Choo-Frau vor, wie sie die Straßen entlangläuft. Und gern stelle ich mir dabei eine Pariser Schönheit vor.

Welche Schuhe mögen Sie nicht?
Mir missfällt es, Frauen zu sehen, die sich unwohl in ihren Schuhen fühlen. Wenn Schuhe unbequem erscheinen oder nicht richtig passen, ist das nicht schön und wirklich schade.

Erinnern Sie sich an das erste Paar Schuhe, das Sie entworfen haben?
Das war 1992. Es ist klar, dass sie nicht so sexy waren wie heute. Denn damals war ich noch keine Frau vom Fach.

Was sind Ihre Kriterien für einen gut konzipierten und gefertigten Schuh?
Zunächst muss ich eine Idee oder eine Traum haben, etwas, das mir gefällt und mich zum Machen animiert. Danach muss man sich strikt an die Grundlagen für das Design des Schuhs halten – Schnitt, Form, Höhe der Absätze, Konfektion. Jeder Millimeter zählt! Welche Breite müssen die Schnallen und Riemen haben, damit sie den Fuß nicht erdrücken? Wie sollen sie funktionieren? Wie werden sie getragen? All diese Faktoren müssen berücksichtigt werden. Wenn diese Kriterien nicht eingehalten werden, ist das pure Zeitverschwendung.

Muss man wirklich leiden, um schön zu sein?
Im Idealfall möchte ich, dass er bequem ist, doch wenn ein paar Zentimeter mehr den Schuh einfach unglaublich schön machen, dann fühlen Sie sich so wunderbar, dass der Schmerz vergessen ist.

Designen Sie als Frau Schuhe anders als Männer?
Ich weiß nicht, ich war schon immer eine Frau! Es ist ein Vorteil, dass man als Frau die Schuhe, die man entworfen hat, auch tragen kann. Sie können wunderbar auf dem Papier konzipieren, doch wenn Sie Ihre Kreation tragen, verstehen Sie besser, was noch verbessert werden kann. Mir ist bewusst, dass mein Perfektionismus vielleicht nicht dem einer anderen Person entspricht. Deshalb ist es wichtig, dass Schuhe an einem Modell ausprobiert und objektiv betrachtet werden. Schuhe sind angewandte Kunst. Wenn man sie nicht tragen kann, sind sie nur ein Kunstwerk.

ALLES ÜBER
SCHLECHTEN GESCHMACK

· · · · · · · · · · · · · · · · ·

So ist es mit der Mode. Man findet etwas charmant,
was andere für eine notorische Geschmacksverirrung halten.
Doch Vorsicht: Ein gewagter Stil heißt nicht unbedingt,
dass man schlechten Geschmack besitzt!

Wir haben das Recht, Lurexstrümpfe in Derbies zu hassen. Schwedische Holzpantoffeln unsexy zu finden. Oder auf Moonboots zu schwören. Das ist Geschmackssache. Bei »wirklich« schlechtem Geschmack sind wir uns aber alle einig. Oder besser: sollten es sein. Mancher modischer Fauxpas bringt Ihnen nur eine kleine Verwarnung von der Polizei des guten Geschmacks ein, andere grobe Fehler werden mit dem Entzug des Modeführerscheins bestraft.

Wir lieben den Mut
von Anne Sophie und
den Farbenmix. Low
Boots von Pierre Hardy

FEHLER AUS
UNACHTSAMKEIT

Das Etikett an der Schuhsohle. Ach, sieht man das?

Ja, man sieht es deutlich, wenn Sie mit übereinandergeschlagenen Beinen dasitzen oder man hinter Ihnen die Treppen hochläuft. Übrigens: Schneiden Sie doch gleich das Etikett an Ihrem Schal ab!

Sichtbare vordere Sockennaht in *open toes* (zehenfreien Schuhen).

Einzige Regel: keine halblangen Acrylstrümpfe. Lieber Baumwoll- oder Wollstrümpfe.

Rissige Fersen und schlecht geschnittene Zehennägel. Abblätternder Nagellack?

Über Haare auf dem großen Zeh müssen wir gar nicht erst sprechen.

Ausgelatschte und nicht gepflegte Schuhe.
Es gibt einen Unterschied zwischen in Schönheit gereiften Schuhen und schlecht alternden Billigschuhen mit abgelaufenem Absatz, zerkratztem Leder, hängender Sohle. Weg damit!

Schuhe mit nach oben gebogener Spitze.
Es gibt solche und solche. Eine schöne, leicht gebogene Spitze oder eine, die abnormal in den Himmel ragt.

Billige Tierprints.
Wenn auch Sie wie wir Fan von Python, Leopard, Zebra und Co. sind, dann beharren Sie auf Qualität bei der Tiermusterreproduktion. Die französische Modebloggerin Balibulle spricht sogar vom »léoparfait« (dem perfekten Leolook).

Schlechte Kopien von It-Schuhen.
Natürlich kann (oder will) sich nicht jeder Dickers Boots von Isabel Marant, Susans von Chloé, Pirate Boots von Vivienne Westwood, Sélinas von Botte Gardiane oder Tropéziennes von Rondini leisten. Es gibt schöne Kopien, doch achten Sie dabei auf Details: Kein Billigkram! Ihre Silhouette leidet darunter. Und Ihr Portemonnaie auch, denn es verkraftet es nur schwer, wenn die falschen Tropéziennes nicht mal einen Sommer überstehen.

MANGELNDE
INSPIRATION

Hauptsache Schwarz.
Natürlich passt Schwarz zu vielem. Aber bitte nicht nur um der Ein-fachheit willen zu Schwarz greifen. Denn Schwarz passt nicht immer zu allem. Naturleder, Bordeaux oder Dunkelgrau sind manchmal einfacher zu handhaben. Darüber hinaus ist Schwarz bei Billigleder eine sehr schlechte Wahl.

Das Abkupfern von Trends.
Nur weil die Bikerstiefel ein Klassiker und Badelatschen momentan ein Must-have sind, muss man sie noch lange nicht besitzen. Achten Sie auf die Formen, die zu Ihnen und Ihrem Kleiderschrank passen.

VERSÄUMNISSE
BEIM SAUM

Eine lange Hose zu Schuhen mit dünner Sohle lassen die Silhouette gedrungen wirken.
Zu Ballerinas oder sehr flachen Derbies sollten Sie eine 7/8-Hose (bis zu den Knöcheln) oder ein Kleid tragen.

Falsche Höhe beim Hosensaum: Das ist sehr unschön.
Wenn Sie Ihre Hose umsäumen, sollten Sie daran denken, welche Absatzhöhe Sie dazu tragen werden. Chinos oder Slims kann man, wenn sie zu lang sind, hochkrempeln oder hochziehen, aber bei breiteren Hosen ist das nicht möglich und es sieht unschön aus, wenn der Hosensaum über dem Schuh hängt und ihn fast verschluckt.

Ein gerade geschnittener klassischer Rock bis zur Mitte der Oberschenkel mit kniehohen Stiefeln wirkt altmodisch.

Schuhe von Les Flèches de Phébus.
Wer sagt, dass Rot schwierig
zu tragen ist? Bringen Sie Farbe
an Ihre Füße!

Thomas-Lieuvin-Sandaletten von
Stéphanie. Wir lieben den Mix
aus Mustern und Farben.
Ein fröhlicher und spontaner
mix and match. Haben Sie keine
Angst, Konventionen zu brechen

Um die Silhouette aufzulockern, sollte man mehr Bein zeigen, also eher Stiefeletten dazu tragen.

Ein mittellanger Rock mit Pumps wirkt omahaft.

Bereits die Rocklänge bis zur Mitte der Waden ist äußerst schwierig zu handhaben. Dazu passen wirklich nur Stiefel und Stegspangenschuhe im Stil der 1970er oder Derbies.

DIE FALSCHE WAHL BEI
STRUMPF-HOSEN

Feinstrumpfhose mit Stiefeln.
Das ist ein Kulturschock!

Helle Strumpfhosen zu dunklen Schuhen.
Warum nicht auch noch ein wadenlanges Blümchenkleid dazu?

Braune Strumpfhosen zu schwarzen Schuhen.
Angesichts dieser unermesslichen Tristesse ist *Romeo und Julia* eine Komödie.

FALSCHE
GRÖSSE

Sich zusammenkrallende Zehen.
Zu klein? Zu hoch? Zu groß? Zu rutschig? Zehen krallen sich immer dann zusammen, wenn der Schuh nicht richtig passt. In Sandalen ist das offensichtlich. Und in geschlossenen Schuhen erkennt man das an Ihrem verbissenem Gesichtsausdruck. Nein, Schuhe weiten sich nicht um eine Nummer und laufen sich auch nicht

ein. Der Schuh muss ihnen sofort bei der Anprobe gut passen.

Die falsche Absatzhöhe.
Hier spielt nicht nur die Fußform, sondern auch die Haltung eine Rolle. Gleiches gilt für den Stil der Schuhe. Schuhe, die jedem stehen, gibt es nicht. Sie müssen die Form der Pumps, Boots, Stiefel etc. finden, die zu Ihnen passt.

Die falsche Schafthöhe.
Bei der Wahl der richtigen Schuhe sollte man nicht nur seine Füße, sondern seinen ganzen Körper berücksichtigen. Körperbau, den Umfang der Fesseln (anschwellende Knöchel?), die Stärke der Waden, Knie, Oberschenkel.

Zu weite Stiefel mit Reißverschluss, die um das Bein herumschlappern.
Klassische Stiefel müssen eng am Bein sitzen. Will man Stiefel, denen der Umfang der Beine egal ist, sollte man sich für Camarguaises oder Cowboystiefel entscheiden.

Working-Girl-Stiefel, die fleischige Knie eindrücken.
Wenn man runde Waden hat, sollte man sich für einen niedrigeren Stiefel und Stützstrumpfhosen oder für Stiefeletten entscheiden.

Riemen, die Ihre geschwollenen Zehen abschnüren.
Bei stark anschwellenden Füßen sollte man keine Schuhe mit feinen Riemen tragen, sondern sich lieber für breitere Riemen entscheiden.

Absätze, die nicht zur Silhouette passen.
Wenn man klein und rund ist, sollte man nicht probieren, auf Stelzen herumzulaufen. Die Schuhhöhe sollte zu Ihren Proportionen passen.

INÈS DE LA FRESSANGE

Aushängeschild des Hauses Roger Vivier

. . . .

»Schuhe sind wie ein Parfum. Sie dulden kein Mittelmaß.«

Wie viele Schuhe besitzen Sie?
Ach, wahre Liebe kennt keine Grenzen! Aber es sind ungefähr um die 100, Turnschuhe, Espadrilles und Sandalen mitgezählt. Doch ich sortiere sie regelmäßig aus und bewahre nichts auf, was ich nicht trage.

Kleiden Sie sich nach Ihren Schuhen oder umgekehrt?
Wenn ich ein neues Paar Schuhe habe, tue ich natürlich alles dafür, um das dazu passende Outfit zu finden. Die Wahl der Schuhe kann einen Look vollkommen verändern: eine weiße Jeans mit Sandalen, Stilettos oder Bikerstiefeln, das sind drei unterschiedliche Silhouetten. Noch auffälliger ist das mit einem Abendkleid. Flache Schuhe können einen moderner erscheinen lassen (auch wenn ich weiß, dass dieser Gedanke für viele Frauen ein Albtraum ist). Eines Tages empfahl mir eine Freundin sehr kleidsame Ballerinas mit Quasten. Die Idee erschien mir zu-

nächst surreal, doch am Ende war sie sehr gut.

Wie viele Paar Schuhe muss man haben, um »eingekleidet« zu sein?
Weniger als Sie bereits besitzen ... und bessere! Schuhe sind wie ein Parfum. Sie dulden kein Mittelmaß. Ganz anders als bei anderen Kleidungsstücken. Man kann sich bei allem gut und günstig kleiden. Doch bei Schuhen ist das komplizierter.
Ein Paar Pumps (sagen wir in Schwarz), ein Paar Ballerinas, ein Paar Stiefel, ein Paar Converses, ein Paar Sandalen, ein kleidsames Paar zum Ausgehen. Doch wir sind uns darin einig, dass in Sachen Füße die Vernunft keine Rolle spielt!

Was macht die Eleganz eines Schuhs aus?
Ich persönlich mag Schuhe mit großer Rahmennaht (Konturen) nicht. Bei den Proportionen und der Wahl

Foto: Benoit Peverelli

der Materialien gibt es ein paar Merkmale, anhand derer man ein Qualitätsprodukt erkennt. Die Kanten vorne, die beispielsweise nur Luxusmodelle haben. Ich glaube, dass das geschulte Auge schnell die Qualität eines Schuhs einschätzen kann. Das ist wie bei Möbeln aus dem 18. Jahrhundert. Zum Glück können auch weniger kostspielige Schuhe sehr elegant sein, wie zum Beispiel Sandalen von Rondini. Nichtsdestotrotz scheint Eleganz nicht die Hauptanforderung der Kunden zu sein. Ich sehne mich nach dem Mancini, Perugia, Blahnik der Anfangsjahre, wo die Extravaganz mit Eleganz einherging. Das ist einer der Gründe, weshalb ich für Roger Vivier arbeite, wo dieser Geist bewahrt wurde.

Unverzeihlicher Mangel an Geschmack?

Ich arbeite für ein Modehaus, von dem ein Modell besonders häufig kopiert wird: die Ballerinas mit Schnalle, die Catherine Deneuve in *Belle de jour* trug. Doch keine der Kopien reicht an das Original heran. Also, wenn man nicht fähig ist, den Unterschied zwischen Original und Fälschung zu erkennen und zu verstehen, dass gerade dieser Unterschied alles ausmacht, ist das unverzeihlich. Wenn man kein Geld hat, um sich das Original zu leisten, sollte man es lieber mit einem ganz anderen Modell versuchen.

»Ich weiß nicht, wer den Absatzschuh erfunden hat, aber wir Frauen sind ihm zu ewigem Dank verpflichtet.« Sind Sie der gleichen Meinung wie Marilyn Monroe?

Denken sie mal an die Fotos von Marilyn, die uns am meisten berührt haben ... Die mit ihrem irischen Pullover? Nackt auf dem Bett? Tanzend? Sprechend? Mit starrem Blick? Lachend? Mit zerzaustem Haar? In allen Fällen waren es nicht ihre Füße, die Ihnen besonders aufgefallen sind. Einige Frauen sind verführerisch in Absätzen, weil sie sich schön fühlen und nicht, weil sie 10 cm größer sind. Die Bewegung ist sinnlich, nicht der Absatz. Wenn Ava Gardner tanzt, ist sie barfuß und was wir an Marilyn lieben, ist ihre Seele, nicht ihre Absätze.

Ist es heutzutage üblich, dass eine Frau Absätze trägt und ihren Partner überragt?

Ja! Und sie kann nicht nur größer sein als er, sondern auch ein paar Jahre älter und ein paar Euro mehr auf ihrem Bankkonto haben. Verrückt, oder?

ORDNUNG UND GLANZ IM
SCHUHSCHRANK

Bevor Sie Ihre Schuhe wieder zum Glänzen bringen, sollten Sie allen Mut zusammennehmen und alte Treter wegwerfen. So schaffen Sie einen Ort, an dem die Schuhe in altem und neuem Glanz erstrahlen können. Also raus damit! Hervor unter dem Bett und aus den Tiefen der Kleiderschränke.

AB IN DEN MÜLL!

Seien Sie erbarmungslos: Weg mit schlappen Absätzen, zweifelhaften Sohlen, gebrochenen Spitzen, zerkratztem Leder, ausgefransten Riemen. Sie haben Besseres verdient als diese Latschen, die Ihre Silhouette verschandeln. Sie ziehen sie sowieso nicht mehr an. Also, weg damit!

Werfen Sie altmodische Schuhe weg. Auch wenn manche Formen wieder in Mode kommen, sind sie immer ein wenig anders. Die Form eines spitz zulaufenden Schuhs von heute hat nichts mit der der 1990er zu tun. Gleiches gilt für die Keilabsätze, die völlig anders sind als in den 1970ern. Also keine altmodischen Absätze, Schuhspitzen, Schafte. Das macht Sie gleich zehn Jahre älter.

AB INS
ARCHIV!

Sortieren Sie die Schuhe, von denen Sie sich wirklich nicht trennen können, sorgfältig:
– cremen Sie sie ein;
– umwickeln Sie sie mit Seidenpapier;
– verstauen Sie sie in einem Stoffbeutel oder umwickeln Sie sie mit Zeitungspapier.
In zehn Jahren können Sie sie wieder rausholen und Ihrer Tochter zeigen, die kaum glauben wird, dass Sie so was mal getragen haben.

ORDNEN SIE NACH SAISON
UND ANLASS

Auf der einen Seite die Schuhe für den Sommer, auf der anderen die für den Winter. Gesondert die Schuhe, die Sie für bestimmte Anlässe tragen (zum Weggehen, Wandern oder am Strand). Das verschafft Ihnen einen besseren Überblick und Sie haben die Schuhe, die Sie täglich anziehen, schneller zur Hand und können einfacher abwechseln.
Stecken Sie die Schuhe, die Sie im Moment nicht tragen, in durchsichtige große Boxen oder Aufbewahrungstaschen (erhältlich in allen großen Einrichtungskaufhäusern) und verstauen Sie sie auf einem Schrank oder inkognito unter dem Bett.

ORGANISIEREN
SIE SICH

Wenn Sie stolze Besitzerin von vielen Paar Schuhen sind und viel Geduld aufbringen, dann kleben Sie ein Foto Ihrer Schuhe auf den Schuhkarton. Oder legen Sie einen Fotoordner auf Ihrem Smartphone an, damit Sie immer wissen, was für Schuhe Sie haben und welche zu ihrem Outfit passen könnten. Es gibt sehr organisierte Frauen, die auf diese Methode schwören. Ja, ja!
Wenn Sie finden, dass die Schuhregale aus Stoff oder Metall, die man an die Türen hängen kann, nicht sehr praktisch sind, oder wenn Ihr Schuhschrank zu klein ist, dann funktionieren Sie ein anderes Möbelstück zum Schuhschrank um. Zum Beispiel: eine Industriestahlkommode, ein altes Gartenregal im Retro-Look, ein Billy-Regal von Ikea, in das Sie Weidenkörbchen als Aufbewahrungsboxen stellen können. Sie können auch ein Regal (Breite: 40 cm) in einen Schrank hineinstellen, oder in den Flur,

. . . .

Saphir ist eine französische Schuhcreme-Marke. Das Familienunternehmen, das seit 1920 existiert, ist weltbekannt (selbst in Japan). Es berät die bekanntesten französischen Lederwarenunternehmen und arbeitet mit ihnen zusammen. Seine Produktpalette hat 1925 die Médaille d'or erhalten und die unveränderte Rezeptur der Produkte (Terpentin, pflanzliche, tierische und mineralische Wachse) steht bei Schuhliebhabern hoch im Kurs.

und es mit einem schönen Stoffvorhang verdecken.

EIN BISSCHEN
LIEBE

Ein Geheimtipp, um Ihre Lieblingsschuhe länger schön zu erhalten: gut behandeln und pflegen. Raphaël vom Pariser Schuhmacher Pulin, der bekannt ist für sein Können und seine farbige Neubesohlung, hilft uns, die Spreu vom Weizen zu trennen.

Erster Ratschlag: Nicht alle Schuhe brauchen eine Schutzbesohlung. Anzuraten ist sie für Schuhe aus Leder wie Stiefel, Boots, Stiefeletten und Schuhe, die man oft anzieht. Überflüssig ist sie bei »feinen« Schuhen aus Materialien wie Stoff, Spitze oder Satin, die man nur abends zum Ausgehen trägt. Bei ihnen ist es wichtig, die reine Linie und Leichtigkeit des Schuhs zu bewahren.

Das Geheimnis einer guten Besohlung: Tragen Sie den Schuh zwei- oder dreimal, bevor Sie ihn Besohlen lassen, um das Leder geschmeidig zu machen und die Lauffalte zu markieren

Was tun, wenn Schuhe nass werden? Niemals direkten Wärmequellen aussetzen. Weg von der Heizung oder dem Kamin! Stopfen Sie die Schuhe mit Seiden- oder Zeitungspapier aus und lassen Sie sie 24 Stunden auf der Seite liegen, bis sie vollkommen trocken sind.

Wenn sie getrocknet sind, kann man sie mit einem Schuhspanner aus Holz wieder in Form bringen und das Leder »fetten«: Bei Frauenschuhen, deren Leder stärker pigmentiert ist als bei Männerschuhen, sollte man lieber Schuhcreme anstatt Wachs benutzen. Das beste Produkt auf dem Markt ist Creme surfine Saphir, die es in 95 Farben gibt. Damit werden Sie Ihr Glück finden.

Die Creme auf Basis von natürlichem Bienenwachs, Carnaubawachs und Mandelöl gibt dem Leder seine Feuchtigkeit zurück und nährt es. Das Produkt, das frei von Silikon ist – dem großen Feind von Leder –, macht Ihre Lieblingspumps geschmeidig und lässt sie in neuem Glanz erstrahlen.

Dickeres Schuhwachs ist Herrenschuhen vorbehalten und sorgt vor allem für eine glänzende Schichtung.

»Leder braucht wie die menschliche Haut Feuchtigkeit und sanfte Pflege und dafür die geeigneten Produkte«, erläutert Marc Moura, Geschäftsführer von Saphir Schuhpflege. »Niveacreme oder anderes zu verwenden, ist ein Mythos. Manch dickeres Leder toleriert das zwar, doch es ist wichtig, die geeigneten Produkte, die der Gerbung entsprechen, zu benutzen.«

»Weg mit den Schuhcremes mit Schwamm, die es in den großen Kaufhäusern gibt! Sie sind voller Silikon, das den Schuhen schadet«, empfiehlt Raphaël vom Schuhmacher Pulin. »Sie bringen den Schuh zwar dank des Silikons zum Glänzen, doch die Kunststoffschicht erstickt das Leder, macht es rissig und schadet ihm so irreparabel«, fügt Marc Moura hinzu.

Und selbstglänzende Produkte? Die sind besonders für Stilettos gefährlich! Sie beinhalten Harze, die eine Kunststoffschicht auf dem Schuh hinterlassen.

Diese Produkte sind zwar günstig, aber machen das Leder rissig und verursachen irreparable Schäden.

Um Ihre Schuhe zum Glänzen zu bringen, benutzen Sie alte Socken, ein Seidentuch oder einen Polierhandschuh.
Meine Pumps sind zerkratzt, abgegriffen und verfärbt? Was tun? Benutzen Sie die Erneuerungscreme Crème rénovatrice von Saphir (mit hoher Farbkonzentration), die die Lederpigmente Ihrer Schuhe erneuert. Lassen Sie die Creme einwirken, cremen Sie Ihre Schuhe danach mit normaler Schuhcreme ein und polieren Sie sie. Vielleicht könnten Ihre Handtaschen und die Schuhe Ihrer Kinder dieses Wunder-Lifting auch mal vertragen?

Ein schöner Schuh von Ralph Lauren muss gut gepflegt werden

UND MEINE WILDLEDER-
BOOTS?

Raphaël vom Schuhmacher Pulin rät, sie zu imprägnieren. Das schützt sie ein wenig.
Auch hier gilt, Hände weg von Billigprodukten, die Silikon und andere Harze enthalten und dem Schuh schaden. Investieren Sie lieber in Produkte mit Qualität! Wildleder ist wie Stoff. Auch hier braucht man ein gutes Produkt. Saphir hat eine Spezialseife für Wildleder auf den Markt gebracht: »Omnidaim«, mit sanften Lösemitteln. Der Schaum wird mit einer Seidenbürste auf den Schuh aufgetragen. Das Wunderprodukt entfernt Schmutz und belebt auch die Farbe von Nubukleder. Es ist vielleicht umständlicher in der Anwendung als ein Spray, doch vor allem bei scheinbar aussichtslosen Fällen hilft es. Bei kleinen Flecken reicht es, sie mit einer Wildlederbürste wegzuradieren und zu kratzen. Aber bitte mit Gefühl, sonst nutzt sich das Wildleder ab.
Bei Farbauffrischern sollten Sie immer die Inhaltsliste lesen, um Freunde von Feinden zu unterscheiden.
Sie haben die Wahl …

Internetseiten für gute Schuhpflegeprodukte:
http://www.valmour.fr
http://www.avel.com

KLEINES ETIKETTEN- MEMO

. . . .

Lesen Sie genau die Etiketten, die Sie über die Eigenschaften des Schuhschafts, des Futters, der Innen- und Außensohle informieren sollten.

Schaft: Oberseite, die an der Außensohle befestigt ist

Futter und Innensohle: Inneres des Schuhs

Außensohle: Unterseite, die durch Laufen abgenutzt wird und an dem Schaft befestigt ist

Die Etiketten müssen Auskunft geben über die Materialien, aus denen der Schuh hauptsächlich besteht. Als Hauptbestandteil gilt ein Material, aus dem der Schuhteil (Schaft, Futter / Innensohle, Außensohle) zu mindestens 80 % besteht.

Gibt es nicht nur einen Hauptbestandteil, so müssen die beiden Hauptbestandteile des Schuhs angegeben werden.

Leder: Leder oder Tierhaut, deren ursprüngliche Faserstruktur mehr oder weniger intakt erhalten ist und die gegerbt wurde. Die Angabe der Tierart ist nicht vorgeschrieben.

»Vollnarbiges Leder«, Glattleder aus dem Narbenspalt, das nicht geschliffen wurde und die natürliche Narbung inklusive Hautunregelmäßigkeiten des Tieres unverändert erkennen lässt

»Beschichtetes Leder«: Leder, auf das eine Schichtstärke von über 0,15 mm aufgetragen wurde (Farbe mit Bindemitteln, Folie, Schaum etc.). Beträgt die Schichtstärke mehr als ein Drittel der Gesamtdicke, darf das Material nicht mehr als Leder bezeichnet werden.

. . . .

»In Frankreich wird das Handwerk nicht geschätzt. Der Beruf des Schuhmachers wird als Arbeiterberuf abgewertet. Die Welt des Geldes hat der Schuhbranche den Garaus gemacht. Die Finanzleute wollen Dividenden im zweistelligen Bereich, doch Schuhe bringen nicht so viel ein. Denn um einen Schuh anzufertigen, braucht es viel Zeit, um alle Bestandteile zusammenzufügen. Allein ein Absatz kann zwischen 2 und 35 € kosten, je nach Qualität und Aufwand.«
Nathalie Elharrar, Designerin bei LaRare

Von links nach rechts und von oben nach unten: Kitten Heels, Stilettos, Slippers, Bikerstiefel, Slip-ons, Sandalen, Derbies, Dickers, Stegspangenschuhe, Gummistiefel.

· ·

Logos unter dem Schuh

Seit 1996 sind alle Schuhhersteller in der Europäischen Union durch die Richtlinie 96/74/EG verpflichtet, ihre Schuhe mit Etiketten zu kennzeichnen, die Auskunft über die Eigenschaften des Schuhs geben.

Dieses Symbol steht für das Material Leder.

Dieses Symbol steht für beschichtetes Leder. Es kommt im Allgemeinen beim Futter und den feinen, dünnen Schuhteilen vor. So wird die Lederschicht geschützt.

Dieses Symbol steht für das Material Textil.

Dieses Symbol steht für andere Materialien.

Weitere Symbole, die den jeweiligen Teil des Schuhs bezeichnen:

Das Symbol bezeichnet den oberen Teil, den »Schaft« des Schuhs.

Das Symbol bezeichnet die Außensohle.

Das Symbol steht für die Innenseite des Schuhs mit Futter und Innensohle.

UNSERE LIEBLINGSADRESSEN IN
PARIS*

*weil wir in Paris leben und das die Stadt ist,
die wir am besten kennen

Man kann den Kopf verlieren angesichts der Schätze, die sich
in den Schuhtempeln der Galeries Lafayette und bei Printemps
Haussmann auftun, oder die Prachtstücke in den ausgesuchten
Sortimenten der kleinen Läden bewundern. Wir mögen beides!

58M
58, Rue Montmartre,
75002 Paris
Seien sie gewarnt:
Acne, Sigerson
Morrison, Jérôme
Dreyfuss, Véronique
Branquinho ... Es gibt
keinen Trend, den es
hier nicht gibt. Sie
haben die Qual der
Wahl!

ANN TUIL
63, Avenue des
Champs-Élysées,
75008 Paris
Eine risikofreie
Auswahl und nur die
aktuellsten Trends.
Von Sergio Rossi bis
K Jacques.

CENTRE COMMERCIAL
2, Rue de Marseille,
75010 Paris
Geschmackvolles für den
Schuhschrank: La Botte
Gardiane, Church's,
Repetto und eine schöne
Auswahl der politisch
korrekten Turnschuhe
der Marke Veja.

COLETTE
213, Rue Saint-Honoré,
75001 Paris
Das Herz erfreut sich an
den großen Namen –
Alaïa, Givenchy,
Giuseppe Zanotti,
Alexander Wang – und
zerfließt geradezu bei
den jungen Lieblings-
nachwuchsdesignern:
Tabitha Simmons, Sophia
Webster, Adieu Paris ...

FRENCH TROTTERS
128, Rue Vieille-du-
Temple, 75003 Paris
30, Rue de Charonne,
75011 Paris
Hierher kommt man
sowohl wegen des
Easy Chics als auch der
schönen Kollektion der
Marke French Trotters
und der unfehlbaren
Auswahl an Schuhen
von Michel Vivien, Chie
Mihara, APC und Avril
Gau.

GARRICE
30, Rue de Rivoli,
75003 Paris
Freiheit und Modernität
sind das Credo dieses
Concept-Stores, der
aktuelle Trends mit
dem Geheimnis, seine
perfekten Bikerstiefel

Claire Marie in einem Mantel
von Adeline André. Halskette
von Kobja, Sandaletten von
Yves Saint Laurent

Fiorentini + Baker hier zu finden, verbindet

IRIS
28, Rue de Grenelle,
75007 Paris
Das italienische Unternehmen produziert für Marc Jacobs, Chloé, Michael Kors, Jil Sander, Véronique Branquinho und präsentiert uns wahre Wunder, die Carrie Bradshaw vor Neid erblassen lassen.

KABUKI
13, Rue de Turbigo,
75003 Paris
Die Miniboutique, die Anfang der 1990er-Jahre von Barbara Bui eröffnet wurde, widmet sich berühmten Schuhmodellen und ist der Tempel erfahrener Fashionistas.

LOBATO
6, Rue Mahler,
75004 Paris
Von Pierre Hardy bis Proenza Schouler, von Michel Vivien bis Ellen Truijen: eine schöne Auswahl der angesagtesten Designer.

Sternchensandale von Giuseppe Zanotti

Hier können Sie nichts falsch machen.

MOSS
22, Rue de Grenelle,
75007 Paris
Genau die richtige Adresse, wenn Sie dezente Ballerinas suchen. Ihre Füßchen werden angesichts von so viel Luxus und Sex-Appeal erröten.

NOUVELLE AFFAIRE
5, Rue Debelleyme,
75003 Paris
Ein experimenteller Raum in ständigem Wandel, je nach Lust und Laune der Besitzer. Limitierte Auflagen, eine kleine, gut sortierte Auswahl und Unikate junger Designer. Hier gibt es die wunderschönen Carritz-Sandalen.

WHAT FOR
15, Rue Vieille-du-Temple, 75004 Paris
Die berühmte chinesische Schuh-marke für den kleinen Geldbeutel hat zur großen Freude der Fashionista endlich ihren eignen Laden.

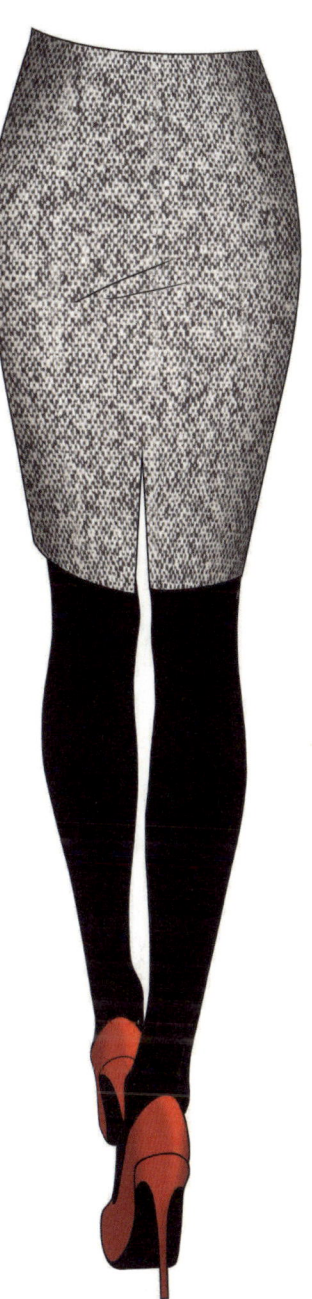

DESIGNERLÄDEN

ANNABEL WINSHIP
29, Rue du Dragon,
75006 Paris
Hübsche Schnitte,
Glamour, Komfort und
gute Laune für die
Füße. – Das ultimative
Rezept für Schuhe!

AVRIL GAU
17, Rue des Quatre-Vents,
75006 Paris

COSMOPARIS
25, Rue du Vieux-
Colombier, 75006 Paris
97, Avenue Victor-Hugo,
75016 Paris
3, Rue des Blancs-
Manteaux, 75004 Paris
Trend und Glamour,
Kühnheit und Sex-
Appeal, dieses
ultrafeminine Label zum
kleinen Preis lässt die
Herzen der Pariserinnen
und aller *fashion addicts*
höher schlagen.

C. PETULA
7, Rue des Canettes,
75006 Paris
Klassiker *reloaded* mit
lustigen und raffinierten
Details. Qualität zu einem
angemessenen Preis.

FERRAGAMOS CREATIONS
38, Rue du Mont-Thabor,
75001 Paris
Hier findet man die
Neuauflagen der
legendären Schuhe des
berühmten italienischen
Schuhhauses für Stars
von Marilyn Monroe bis
Anna Magnani.

FRED MARZO
11, Rue de Thorigny,
75003 Paris
(Donnerstag, Freitag,
Samstag, 14 bis 19 Uhr)
Überarbeiteter Vintage-
Look, ultrafeminin,
elegant und höchste
Qualität mit edelsten
Materialien. *So so chic!*

KARINE ARABIAN
4, Rue Papillon,
75009 Paris
Die für ihre Schuhe
mit abgerundeter
Spitze bekannte
Designerin beweist,
dass High Heels
sinnlich und bequem
sein können.

MELLOW YELLOW
43, Rue des Francs-
Bourgeois, 75004 Paris
Fantastische Schuhe –
in jeder Hinsicht –
zu erschwinglichen
Preisen. Tragbare kleine
Unverschämtheiten!

PATRICIA BLANCHET
20, Rue Beaurepaire,
75010 Paris
Bekannt für ihre
bequemen und
spritzigen Schnürstiefeln,
verzaubert die hübsche
kleine Marke die
Fashionistas in ihrem
schönen Laden.

Lina Khelfa-Martin
in unverwüstlichen
Schnürstiefeln,
die schon ihre
Mutter in ihrem
Alter trug

»Vor ein paar Jahren suchte ich vergebens nach ein paar braunen Tretern. Meine Mutter holte ein Paar aus ihrem Kleiderschrank, die sie in ihrer Jugend getragen hatte, und ich habe mich sofort in sie verliebt. In die Fußstapfen meiner Mutter zu treten, gefällt mir. Sie klaut sie mir manchmal.«

PHILIPPPE ZORZETTO

106, Rue Vieille-du-Temple, 75003 Paris
257, Rue Saint-Honoré, 75001 Paris (nach Terminabsprache)
Auf der Grundlage der von seinem Groß-vater gefertigten Leisten entwirft der Schuhmacher Schuhe für Frauen und Männer – Mokassins, Schnürstiefel, Richelieus ... Wunderbare Handarbeit.

LES PRAIRIES DE PARIS

6, Rue du Pré-aux-Clercs, 75007 Paris
23, Rue Debelleyme, 75003 Paris
Liebt man den speziellen urbanen Style von Laetitia Ivanez, so stürzt man sich auch auf ihre Schuhe: Pumps, Boots und Derbies, die immer genau richtig und begehrenswert sind.

RUPERT SANDERSON

5, Rue des Petits-Champs, 75001 Paris
Diese Schuhe haben mit ihrer perfekten Linie und Sinnlichkeit die Füße der Stars im Fluge erobert.

Sie werden ihnen nicht widerstehen können!

SURFACE TO AIR

108, Rue Vieille-du-Temple, 75003 Paris
Die Pariser Marke Rock Chic hat die Gabe, bequeme Schuhe in verrücktem Design zu erfinden. Zum Beispiel die berühmten, oft kopierten und niemals erreichten Buckles – seit sieben Jahren in allen Variationen ein Erfolg.

SWILDENS

18, Rue du Vieux-Colombier, 75006 Paris
22, Rue de Poitou, 75003 Paris
38, Rue Madame, 75006 Paris (und auch im 4. und 16. Arrondissement)
Schwierig, diesem bequemen und lässigen Look der Schnürstiefel, Sandalen und Derbies von Juliette zu widerstehen!

TOSCA BLU

209, Rue Saint-Honoré, 75001 Paris
Die Mailänder Marke, die früher auf Handtaschen spezialisiert war, verführt mit ihren trendigen Schuhen.

Sowie ...

LA BOTTE GARDIANE

25, Rue de Charonne, 75011 Paris

CHRISTIAN LOUBOUTIN

19, Rue Jean-Jacques-Rousseau, 75001 Paris

DELAGE

15, Rue de Valois, 75001 Paris

LA MAISON ERNEST

75, Boulevard de Clichy, 75009 Paris

MARIA LUISA

Printemps-Damenmode
64, Boulevard Haussmann, 75009 Paris

PIERRE HARDY

Jardins du Palais-Royal, 156, Galerie de Valois, 75001 Paris

REPETTO

22, Rue de la Paix, 75002 Paris

WALTER STEIGER

83, Rue du Faubourg-Saint-Honoré, 75008 Paris

IM INTERNET

L'EXCEPTION

www.lexception.com
Hier finden Sie Thomas
Lieuvin, My Suelly, Maurice
Manufacture und viele mehr. Alles
kühne französische Marken.

MODE TROTTER

www.modetrotter.com
Heimstone, Bosabo, Philippe
Model, Opening Ceremony,
Mexicana ... Website mit einer
trendigen und ungewöhnlichen
Auswahl an fröhlichen und
inspirierenden Looks.

OFFICE

www.office.co.uk
Sie müssen nicht erst den
Ärmelkanal überwinden, um Leo-
pardenboots und Glitzerpumps
zu finden. Auf dieser Seite gibt
es alles, was das Herz begehrt,
und es ist schnell lieferbar.

SARENZA

www.sarenza.com
Riesige Auswahl für jeden
Geldbeutel, von der Luxusmarke
bis zum Schnäppchen, gute
Darstellung und Beurteilung der
Schuhe, kostenlose Lieferung in
24 Stunden. Und der spritzige
Blog »Les Perchées« ist voller
guter Ratschläge.

SPARTOO

www.spartoo.com
Eine unendliche Auswahl ohne
böse Überraschungen. Klassisch
und überzeugend.

SCHNÄPPCHEN!

SABOTINE

35, Rue de la Roquette, 75011 Paris
Lässt man sich von der unscheinbaren
und unpersönlichen Atmosphäre dieses
Ladens nicht abschrecken, kann man hier
Designerstücke zum Schnäppchenpreis
entdecken.

LES SOULIERS.COM

38, Rue de Trévise, 75009 Paris
Luxusmarken mit bis zu 60 % Preisnachlass
und nette Kundenbetreuung durch eine
leidenschaftliche Schuhliebhaberin.

STOCK JONAK

44, Boulevard de Sébastopol, 75003 Paris
Superpreise in jeder Saison. Aber nur, wenn
Sie nicht nach Schuhen suchen, die länger
als fünf Jahre halten sollen.

STOCK JOURDAN

23, Rue François Ier, 75008 Paris
Ein Schuhlager, sehr gut aufgeräumt und
ordentlich. Hier kann man ohne Stress
anprobieren.

STOCK MELLOW YELLOW

32, Rue de Turbigo, 75003 Paris
Wenn Sie sich leicht verführen lassen, dann
machen Sie lieber einen großen Bogen
darum. Dieser kleine Laden ist das ganze
Jahr über vollgestopft mit wunderbaren
Schnäppchen der farbenfrohsten Marken.

STOCK PARCOURS

59, Rue Beaubourg, 75003 Paris
Es ein bisschen chaotisch, doch wenn man
sich nicht von dem beeindruckenden Lager
entmutigen lässt, kann man hier sein Glück
finden. Und das auch in kleinen Größen.

Sandaletten von
Mellow Yellow

*Danke an Frédérique Poissonnier, Miss Glitzy,
für ihre guten Ratschläge.*

*Danke an Anne der Marnhac,
an François Ravard für seine wertvollen Kontakte,
an Pierre Carron und Mélita Toscan du Plantier.*

*Danke an Adeline Roussel für ihre
wunderschönen Fotos von Füßen!*

*Danke an Nathalie Elharrar für ihren Ingwertee
und ihr immenses Fachwissen.*

*Danke an Anne-Sophie Mignaux für ihre Kontakte
und ihre Freundlichkeit.*

*Danke an all die schönen Frauen,
Schuhsammlerinnen und -liebhaberinnen,
die sich für uns fotografieren ließen.*

*Und Dankeschön an die verrückten Pariser Designer
für ihre wunderbare Leidenschaft.*

© der deutschsprachigen Ausgabe:
Prestel Verlag, München · London · New York, 2015

Die Deutsche Nationalbibliothek verzeichnet diese Publikation in der Deutschen Nationalbibliografie; detaillierte bibliografische Daten sind im Internet über http://www.dnb.de abrufbar.

Die Verlagsgruppe Random House weist ausdrücklich darauf hin, dass bei Links im Buch zum Zeitpunkt der Linksetzung keine illegalen Inhalte auf den verlinkten Seiten erkennbar waren. Auf die aktuelle und zukünftige Gestaltung, die Inhalte oder die Urheberschaft der verlinkten Seiten hat der Verlag keinerlei Einfluss. Deshalb distanziert sich die Verlagsgruppe hiermit ausdrücklich von allen Inhalten der verlinkten Seiten, die nach der Linksetzung verändert wurden und übernimmt für diese keine Haftung.

Prestel Verlag, München
in der Verlagsgruppe Random House GmbH
Neumarkter Straße 28
81673 München
Tel. +49 (0)894136–0
Fax +49 (0)894136–2335

www.prestel.de

Titel der französischen Originalausgabe: *So Shoes!*
© 2014, Editions de La Martinière, une marque de La Martinière Groupe, Paris

Projektleitung: Julie Kiefer
Projektmanagement: Sabrina Kiefer
Übersetzung aus dem Französischen: Dorothee Domingos, Berlin
Lektorat: Stefanie Adam, München
Fotografien: Frédérique Veysset
Illustrationen: Clément Dezelus
Gestaltung: Dimitri Maj
Covergestaltung und -illustration: Julia Dürr, Berlin
Herstellung: Friederike Schirge
Satz: Greiner & Reichel, Köln

Gedruckt in Spanien
ISBN 978-3-7913-8136-7